KB247978

나는 어떤 집에 살아야 행복할까?

나는 어떤 집에 살아야 행복할까?

나는 어떤 집에 살아야 행복할까?

제1판 제1쇄 발행일 2012년 12월 10일
제2쇄 발행일 2013년 5월 22일

기획 | 길담서원
글 | 고제순, 서윤영, 노은주, 이재성, 조광제, 손낙구
책 제목 정하는 데 도움 주신 분 | 김경원
편집 | 책도둑(김민호, 박정훈, 박정식)
표지 디자인 | 김상보
본문 디자인 | 김효중
발행인 | 김은지
발행처 | 철수와영희
등록번호 | 제319-2005-42호
주소 | 서울 마포구 망원1동 386-2 양경회관 302-1호
전화 | (02)332-0815
팩스 | (02)6091-0815
전자우편 | chulsu815@hanmail.net

ISBN 978-89-93463-37-8 43300

철수와영희 출판사는 '어린이' 철수와 영희, '어른' 철수와 영희에게 도움 되는
책을 펴내기 위해 노력하고 있습니다.

나는 어떤 에 살아야 행복할까?

고제순·서윤영·노은주·이재성·조광제·손낙구

철수와영희

나와 우리의 이야기를 만드는 공간, 집

지난 5년간 다채로운 모임들이 길담서원 안에 둥지를 틀었습니다. 책여세(책 읽기 모임), 책마음샘(찾아가는 음악회), 콩글리시(영어 원서 강독 모임), 끄세쥬(프랑스어문 모임), 청소년인문학교실, 어른들을 위한 인문학교실, 한뼘미술관, 경제공부모임, 철학공방, Weltreise(독일어문 모임), 맨땅일본어 등등. 모임 하나하나의 중심에는 우연히 찾아왔다가 길담서원의 주인이 된 사람들이 있습니다. 그 가운데서도 가장 반갑고 마음 설레게 하는 것은 청소년인문학교실의 젊은이들입니다.

"우리 아이들을 위한 인문학 공부 모임도 있었으면 좋겠어요."

중2 청소년을 둔 어머니의 이 한마디가 씨앗이 되었습니다. 씨앗은 싹을 틔워 '청소년인문학교실을 위한 준비 모임'으로 자라났습니다. 준비 모임에는 학부모와 교사와 교육에 관심 있는 분들이 모였습니다. 몇 차례의 준비 모임과 두 번의 시범 교실을 거쳐 2009년 1월부터 아래와 같은 생각을 기본으로 길담서원 청소년인문학교실을 열고 있습니다.

_청소년은 수동적 존재가 아닌 주체이다. 청소년인문학교실 기획 모임에는 청소년이 어른들과 대등하게 참여한다. 수업의 30% 정

도는 청소년의 시간으로 할애한다.

_강의는 연구와 실천을 겸비한 전문가에게 의뢰한다. 비판적 분석과 대안 있는 해법이 조화를 이루게 한다. 현직 교사도 강사로 모셔서 학교 현장과 소통하는 교실이 되도록 한다.

_주제를 예술적으로 구현한 문학 작품과 철학적으로 접근하는 강의를 반드시 포함시켜 청소년기의 맑고 따뜻한 감성을 보듬고 논리적이고 이성적인 사유 능력을 기르도록 한다.

_주제와 관련하여 1박 2일 답사 프로그램을 진행한다. 자유분방한 프로그램 속에서 또래들과 친해지고 도심에서 자란 청소년이 자연과 벗하는 기회를 갖도록 한다.

_경제 형편이 어려운 가정의 청소년도 참여할 수 있도록 최대한 참가비를 낮추고 장학 제도와 같은 숨구멍을 터놓도록 한다.

길담서원 청소년인문학교실은 그동안 길, 일, 돈, 몸, 밥, 집, 품, 눈에 대해 진행했고 앞으로 삶, 앎, 땅, 불, 물, 똥, 힘, 꿈, 숨, 말 등등에 대해 진행할 예정입니다. 한 글자 인문학교실이 끝나면 사랑, 평화, 철학, 역사, 인간, 종교, 공부 등 두 글자 주제로, 세 글자 주제로 뻗어

나갈 것입니다.

이번 책의 주제는 '집'입니다. 고제순, 서윤영, 노은주, 이재성, 조광제, 손낙구 선생님이 2011년 여름에 집에 대해 강의한 내용을 묶은 것입니다. 이 책에서는 우리가 살아왔고 살고 있는 집들의 형태와 구조, 집이라는 공간이 우리 삶과 정서에 미치는 영향, 집이 갖는 사회적이고 철학적인 의미 등을 다루고 있습니다. 또, 수업에 참가했던 청소년들이 집이 만들어지는 과정을 학습한 후, 실제로 내가 살고 싶은 집을 설계하고 그 설계에 따라 집의 모형을 만든 과정을 사진으로 담아 실었습니다.

사람은 자궁이라고 하는 아기집에서 생겨나고 태어나, 집을 짓고 먹고 자고 놀고 일하며 살다, 죽어서는 자연이라는 큰 집으로 돌아갑니다. 수많은 시간이 흐르는 가운데 분해된 우리의 몸은 식물이나 동물, 혹은 사람의 요소가 되어 다시 태어난다고 합니다. 인류가 아득히 긴 세월을 살아오는 동안 집은 인류의 몸과 마음을 감싸 주는 삶의 보루堡壘였습니다. 또, 당대를 살았던 사람들의 생각이 배어든 정신적 삶 그 자체이며 문화의 결정체이며 역사의 증표이기도 합니다.

따라서 집은 경제적인 의미의 재산만이 아닙니다. 시대에 따른 건축 이념이나 양식의 구현만도 아닙니다. 집은 사람이 사람답게 사는 데에 없어서는 안 되는 거처居處입니다.

무엇보다도 단란한 살림살이의 터전이자 휴식과 놀이, 사랑과 창조의 공간입니다. 이렇게 중요한 집은 부자나 가난한 사람이나 마땅히 보장되어야 하는 삶의 기본 조건입니다.

그러함에도 현대 사회의 집은 재산의 가치로 우리를 지배하고 있습니다. 과거, 신분제 사회에도 양반이나 서민이나 모두 자기 집을 갖고 살았습니다. 그런데 물질적으로 풍요로운 지금, 집을 수십 채씩 가지고 세를 놓아 불로소득을 얻는 사람들이 있는가 하면, 내 가족이 의지할 집이 없어 전세로 월세로 전전하며 턱없이 치솟는 집세 때문에 불안에 떠는 수많은 사람들이 있습니다. 인간의 기본적인 삶의 조건이 보장되지 않는 이런 사회는 천박하고 몰인정한 사회입니다.

또한, 우리는 이웃에 사는 사람이 죽어 가도 모르는 지금의 생활양식과 사회 구조를 깊이 반성하지 않을 수 없습니다. 수원의 어느 아파트에 사는 사람들처럼 공동체적인 마을 만들기가 이곳저곳에서 실험되고 널리 확산된다면 이런 일은 일어나지 않겠지요. 모든 사람들의 주거 문제가 기본적으로 해결되고 그러한 조건 위에서 더 많은 사람들이 자기의 개성을 드러낸 다양한 집짓기를 생활의 일부로 누릴 수 있어야 합니다. 그 안에서 누구든지 시를 짓고 음악을 즐기며 나와 우리의 이야기를 만드는 공간이 집인 것입니다.

길담서원 청소년인문학교실은 집에 대한 이런 생각을 가지고 사람과 삶의 문제에 중심을 두면서 집이라는 주제를 풀어 보았습니다. 그 이야기가 이 책이 되었습니다.

"나는 어떤 집에 살아야 행복할까?"

집에 대한 이처럼 중요한 질문, 그리고 문제의식을 청소년기에 가질 수 있다면 얼마나 다행일까요. 길담서원 청소년인문학교실에 함께하지 못한 청소년들도 이 책을 통해서 같은 문제의식을 얻게 되길 바랍니다.

2012년 12월 1일

박성준, 이재성

길담서원 청소년인문학교실 '집'과 함께한 청소년들

김가영, 김기현, 김승연, 김준현, 김연지, 김예진, 김태성, 김홍연, 나원영, 박지성, 박희성, 백동훈, 봉효민, 서다인, 서지은, 송민희, 신규원, 엄지, 유현진, 이고은, 이솔, 이슬기, 이찬호, 이현범, 이혜란, 한원정

차례

생명과 평화를 향한 집 짓기

고제순

'흙처럼 아쉬람' 흙집학교 교장

사람이 사는 집은 '지구'라는 큰 집을 구성하는 세포입니다.

따라서 이것이 지구라는 생명체에 영향을 미칩니다.

집이 건강하면 지구도 건강하지만 좋지 않은 에너지를 뿜어내면 지구는 아플 수밖에 없어요.

사람이 독성을 내뿜는 소재로 집을 짓고 각종 폐기물을 쏟아 낸다면,

당연히 지구는 병에 걸리겠죠.

고제순

대학에서 철학을 전공했고 오스트리아 인스브루크 대학에서 철학 박사 학위를 받았다. 대학에서 강의하던 어느 날, 자신의 삶에 대해 강하게 회의한다. 무언가 잘못 살아왔다는 자각이었다. 삶의 기초를 튼튼히 다시 세우기 위해 대학 강의를 중단하고 2000년 가족과 함께 강원도 원주 근교의 회촌마을에 정착했다. 이곳에서 살림집을 손수 짓고 흙집 학교 '흙처럼 아쉬람'을 운영하며, 생태적 홀로서기를 하려는 사람들에게 자신의 경험과 지혜를 나누며 살고 있다.

생명과 평화를 향한 집 짓기

안녕하세요. 고제순입니다. 여러분과 집에 대해 이야기를 나눌 수 있게 되어서 반갑습니다.

저는 흙집에 살고 있습니다. 제가 처음으로 직접 지은 집인데요. 2000년도부터 지금까지 살고 있어요. 참고로 저는 건축을 전공한 사람이 아닙니다. 건축 경험이 많아서 흙집학교를 시작한 것도 아니예요.

나는 지금 행복한가

자, 그럼 제가 흙집을 언제부터 왜 짓기 시작했느냐 하는 이야기를 해 보겠습니다. 우선 제가 흙집을 짓게 된 이유를 말씀드리려면 학창 시절로 거슬러 올라가야 해요.

여러분, 지금 앞으로 어떤 일을 할 건지 정했나요? 나름대로 방향을 잡은 분 있나요? 어떤 일을 하고 싶어요? 젊은 시절부터 방향을 딱 정하고 가는 친구들을 보면 어때요? 훌륭해 보이지 않나요? 그런 친구들이 많지 않기 때문입니다.

저 역시도 마찬가지였어요. 고등학교 때 저는 제가 어떤 길을 가야 하는지 구체적으로 생각해 볼 기회조차 없었습니다. 입시 위주의 공부만 했죠. 그러다가 고등학교 2학년 때 어느 날 문득 이런 생각이 들었어요. '왜 대학에 가야 하지?'

학교에서는 밤늦도록 우리를 잡아 놓고 공부를 시켰습니다. 그런데 정작 저는 그 필요성을 못 느꼈어요. 당시 저에게는 무의미한 일이었습니다. 목표 없이 공부를 한다는 것은 불행한 일이에요. 회의가 생겼습니다. 소위 '반항아'라는 표현이 적합할지 모르겠습니다만, 그때부터 대학을 안 가겠다고 결심했습니다.

그래서 학교 공부를 거의 안 했어요. 대신 좋아하는 책, 읽고 싶은 책을 찾았습니다. 그때 주로 접했던 책들이 문학, 종교, 철학 분야의 책들이었어요. 그것이 계기가 돼서 나중에 제가 철학을 전공하게 됐습니다만, 어쨌든 당시는 그게 제가 가야 할 길이라고 생각했습니다.

고등학교 시절 2년 동안 종교 활동에 푹 빠지기도 했어요. 한창 대학입시 준비에 바빠야 할 때인데 그러다 보니 성적은 형편없었죠. 61명 중에 제가 꼴찌였으니까요. 선생님도 그렇고, 부모님도 난리가 났습니다. 특히 부모님은 몇 번이나 교무실로 불려 가셨죠. 그래서 고3 때는 학습 부진아 반으로 쫓겨났어요. 그래도 기분은 그리 나쁘지 않았습니다. 공부에 뜻이 없었으니까요. 부모님 성화에 일단 대입 시험은 봤습니다만, 낙방했습니다. 당연한 결과죠. 그때까지만 해도 별다른 생각이 없었어요. 그런데 대학에 간 친구들을 보니까 생각이 달라졌어요. 우리 때는 가슴에 대학 배지를 달고 다녔거든요. 그 자체로 굉장한 자부심이었죠. 주말이 되면 친구들이 대학교 배지를 달고 나타나는 거예요. 처음에는 그런가 보다 하고 덤덤해하다가, 시간이 지나면서 자존심도 상하고, 대학이란 도대체 어떤 곳인지, 가보고 싶다는 생각이 들었습니다. 게다가 고등학교 졸업하고 3개월을 놀면서 뭔가 불안해지는 거예요.

도대체 이 불안감이 어디서 오는 걸까? 고민했습니다. 그랬더니 제가 소속이 없는 거예요. 어디에도 속하지 못한 상황이 불안했던 겁니다. 무소속에 대한 불안감이랄까요. 학생도 아니고, 사회인도 아니고, 직장인도 아닌 애매한 존재……. 안 되겠다 싶어서 '재수'라는 걸 결심했습니다. 서울 종로 쪽에 있는 입시 학원에 들어갔죠. 그리고 이듬해에 대학을 가게 돼요. 전공은 '철학'이었습니다. 예전부터 공부하고 싶었던 분야였어요. 기대가 컸죠. 그런데 막상 대학에서 수업을 받으면서 크게 실망했어요.

대학이 제가 그리던 이상적인 상아탑이랄까, 그런 곳이 아니었던 거예요. 학교를 그만둘까 하는 생각을 많이 했어요. 갈등과 방황이 깊었죠. 그러면서 얻은 결론이 뭐냐 하면, 공부라는 것은 교수나 선생님으로부터 배우는 것도 있지만 스스로 찾아서 하는 게 진짜 공부라는 생각이 들었습니다. 주체적으로 공부하지 않고서는 대학에서 4년이라는 기간이 그냥 속절없이 갈 거 같았어요. 요즘 대학 생활은 어떨지 모르겠지만, 마찬가지겠죠. 진짜 배움은 누가 가르쳐 주는 게 아니거든요.

저는 아이가 둘인데 중·고등학교 때 1년간 독일 베를린에 보냈어요. 견문을 넓히고 오라는 취지였지요. 아이들은 베를린에 다녀와서 우리나라에서 고등학교를 졸업하고 대학을 갔죠. 한 학기쯤 지나고 나서 공부할 만하냐고 물어보았더니 둘 다 똑같이 "등록금이 아까워 죽겠어요." 하는 거예요. 아마도 독일에서 공부했을 때랑은 차이가 컸을 겁니다. 최소한 우리처럼 취직 공부에만 몰입하는 문화는 아닐 테니까요. 그것이 본인 책임인지 학교 책임인지 모르겠습니다만, 어쨌든 지금 제 아이들도 제가 과거에 그랬던 것처럼 실망감 비슷한 걸 느끼는 거예요.

저는 대학에서 방황하는 과정을 거치면서 철학 스터디 그룹을 조직했어요. 고대 철학부터 현대 철학에 이르는 대표적인 고전들을 읽고 발표하고 토론했습니다. 지리산 뱀사골, 구룡포 등 학교를 떠나 자연 속에서 며칠씩 합숙하면서 열심히 집중적으로 공부했어요. 그때 비로소 공부의 참맛을 알았습니다. '공부가 이렇게 재미있는 거구나.' 생각했죠. 고등학교 때는 학교 공부 안 하고 펑펑 놀면서 책 읽고, 종교 활동만 했는데, 대학에 와서야 공부를 열심히 하게 됐죠. 보통은 중·고등학교 때 공부 열심히 하다가 대학 가서 놀잖아요. 저는 전공이었던 철학이 너무 재미있었어요.

그런 과정을 거치다가 '어떤 일을 하면서 살 것인가?' 하는 물음에 직면했습니다. 먹고살려면 일을 해야 하잖아요. 어떻게든 돈을 벌어야 한단 말이죠. 내가 가야 할 길, 가고 싶은 길, 이게 뭔가? 생각해 봤는데, 전혀 감이 잡히지가 않았어요. 생각만 해도 머리가 지끈지끈 아프더라고요. 잊고 지내다가도 때가 되면 스멀스멀 질문이 솟아나는 거예요. 끊임없이 그 문제와 씨름을 하다가 결국은 잠정적으로 타협을 봤죠. 세상엔 여러 종류의 직업이 있겠지만, 제 성향상 그나마 보람을 느낄 수 있는 건 교육자의 길이겠다, 생각했습니다. 그렇게 정하고 나니 지금의 공부로는 부족하다는 생각이 들었어요. 그래서 대학원에서 석사를 마치고 유학을 갔습니다. 외국에서 공부를 마치고 1993년도에 돌아왔어요. 돌아와서 몇 군데 대학에 강의를 나갔습니다. 소위 말해서 '보따리 장사' 같은 거였죠. 정신없이 살았습니다. 그러던 어느 날, 또다시 마음속에서 회의가 생겼습니다. '나는 지금 행복한가?' 스스로 자문해 봤을 때, 전혀 행복하지 않았습니다. 그래서 왜 행복하지 않으냐? 자문했더니 결론은 하나예요. '지금 나는 잘못 살고 있다'는 겁니다. 제 개인적으로 이런 고민의 과정을 거쳐왔어요. 이 말씀을 드리는 이유는 오늘 제가 여러분께 드릴 이야기가 '삶의 가치'와 관계되어 있기 때문입니다.

내 삶의 튼튼한 기초

사람이 세상을 살아가는 데 정말 중요한 거 세 가지만 꼽으라면 무얼 꼽으시겠어요? (청소년: "의식주요") 입을 것, 먹을 것, 살아야 할 집, 모두 중요하죠. 그 세 가지 모두 우리 삶의 토대입니다. 하나하나 따져 볼까요?

우선 '의衣', 옷입니다. 그런데 옷은 다른 두 가지에 비해 필수 조건은 아니에요. 옷은 안 입어도 살 수 있습니다. 지금도 원시 부족들은 벗고 다니잖아요. 우리가 옷을 입는 이유는 여러 가지입니다. 우선 추위와 더위 등 환경으로부터 몸을 보호하기 위해서겠죠. 또 멋을 내려고, 다른 사람에게 뽐내려고 입는 측면도 있습니다.

심리학적으로는 음탕한 마음을 가리려고 옷을 입는다고도 해요. 아담과 이브가 에덴동산에서 발가벗고 살았잖아요. 그러다 선악과를 따먹고 수치심을 느끼죠. 나뭇잎을 따서 중요 부분들을 가렸잖아요. 그게 옷의 기원이죠? 그런데 옷이라고 하는 건 정말로 생존을 위한 필수 조건은 아닙니다. 오히려 더 중요한 것은 '의醫'라고 할 수 있어요. 질병으로부터 몸을 보호하는 것, 몸을 돌보는 것, 이게 더 중요하다는 거죠. 사람이 살다 보면 몸에 탈이 날 수가 있잖아요. 병이 들 수가 있어요. 몸을 치유하지 않고서는 살 수가 없죠. 그러니까 옷 의衣보다는 돌볼 의醫입니다. 이상이 생긴 몸을 건강한 몸으로 회복하는, 돌보고 치유하는 일이 더 중요하단 말이에요.

여러분, 식食은 어때요? 의심의 여지가 없죠? 중요합니다. 먹지 않고는 누구도 살 수 없습니다. 한 3일만 굶어봐요. 난리가 나죠? 주住인 집도 마찬가지입니다. 보금자리가 없어도 사람이 정상적으로 살 수가 없어요. 의식주醫食住, 이 세 가지는 우리 삶의 기초적인 조건입니다. 제아무리 명예와 권력이 있다고 하더라도 이 세 가지 삶의 기초가 부실하면 행복하게 살 수가 없는 거예요.

장황하게 말씀드렸습니다만, 대학에서 강의하던 시절 제가 맞닥뜨린 질문도 바로 이것이었습니다. 먹고 살고 돌보는 일, 이 세 가지가 탄탄하냐? 내 삶에 튼튼한 기초가 되어 있느냐? 하는 생각이 들었던 겁니다. 그런데 현실은 전혀 그렇지 않았어요.

우리가 매일 먹는 음식을 누가 어떻게 만든지도 모른 채 그냥 돈 주고 사 먹죠? 예전처럼 일용할 양식을 직접 마련하지 못합니다. 전부 누군가에게 의지해야 해요. 집도 마찬가지죠. 건축업자에게 의존하고, 건축가에게 의존하고. 내가 손수 집을 지을 능력이 없습니다. 그리고 요즘 사람들 감기만 걸려도 어디 가요? 병원, 약국으로 달려갑니다. 내 몸을 스스로 돌보고 치유하는 능력도 전혀 없는 거예요.

이쯤 해서 자연으로 눈을 돌려봅시다. 모든 자연에 있는 생명체는 스스로 해결합니다. 새들은 스스로 둥지를 짓고 먹이를 찾아요. 우리처럼 먹이 구하는 새, 먹는 새, 따로 있지 않잖아요. 몸이 아프면 어떻게 해요? 스스로 치유합니다. 우리가 정말로 중요하게 생각하는 의식주 세 가지 모두를 자연의 생명체들은 홀로 해결할 능력이 있습니다. 그들에게 농부나, 의사나, 건축가가 따로 있지 않습니다.

그럼에도 인간을 만물의 영장이라고 할 수 있을까요? 인간을 가장 능력 있고, 똑똑하고, 우등한 존재로 설정하는 것이 과연 정당할까요? 인간도 그저 자연의 일부일 뿐입니다. 자연 세계에서의 모든 생명체는 다 평등하죠. 그럼에도 인간은 자연 생명체를 도구적 존재로 규정짓고 함부로 공격합니다. 지배하고, 파괴하고, 착취하고, 죽입니다. 그로 인해 생태계가 파괴되고 자연재해가 창궐하게 되었지요. 그 결과 현재 우리는 생명의 위기 시대에 살게 된 겁니다.

어쨌든 그런 생각이 들자 부끄러워졌습니다. 아무리 제도권 속에서 몇십 년 공부를 하고 박사 학위를 얻었다고 해도 사람이 살아가면서 중요한 의식주 영역에서조차 생태적 자립 능력이 없다는 사실을 깨닫게 된 겁니다.

소위 말하는 학위증, 그건 그냥 종잇장에 불과해요. 진정한 의미의 석사, 박사가 아니에요. 그때부터 저를 '고 박사'라고 부르지 못하게 했어요. 차라리 '협사'라고 부르라고 했죠. 협사가 뭡니까? 한자로 보면 좁을 협狹, 선비 사士죠. 자기 분야만 아는 사람이라는 뜻입니다. 실제로 저는 협사예요. '박사'라는 건 넓을 '박博'자 아니에요? 삶의 여러 분야에 통달한 그런 사람을 박사라고 해야 합니다. 저는 현대 철학을 전공했습니다. 그중에서도 칼 포퍼Karl Raimund Popper 라는 특정한 철학자를 연구해서 박사 학위를 받았습니다. 칼 포퍼에 대해서는 다른 사람보다 조금 더 알지 모르겠지만 다른 영역은 모르죠. 모든 걸 다 알지 못해요. 그래서 저는 공부를 다시 시작했습니다. 정말 살아가면서 중요한 의식주에 대한 홀로서기 공부를 하겠다고 결심했지요.

농사, 집짓기, 의학을 공부했습니다. 쉬운 일이 아니죠. 그러다 보니까 대학 강의를 병행하기 어렵더라고요. 결국 1995년에 대학 강의를 그만두었습니다. 그렇게 공부해서 2000년도에 제 손으로 흙집을 지었습니다. 몸 돌보는 의학 공부도 계속했습니다. 지금은 흙집학교 학생들이 교육을 받고 있지만 당시에는 주로 몸이 아픈 분들이 많이 몰렸어요. 2004년 흙집학교를 만들기 전까지 그런 분들을 도왔는데, 보람이 있었습니다. 물론 돌팔이였죠. 하지만 돌팔이에도 두 종류가 있습니다. 하나는 여러분이 알다시피 의술을 빙자해서 환자들로부터 돈을 갈취하는 그런 돌팔이가 있고, 또 하나는 자연의 이치를 섭렵해서 진짜 의사가 된 사람이 있습니다. 돌팔이는 한자어로 '突破理'입니다. 풀이하면 '이치를 돌파한다.' 즉 우주의 이치, 생명의 이치를 깨닫는다는 거죠. 그런 사람이라면 누구든 훌륭한 의사가 될 수 있습니다.

농사일도 했는데 저는 특히 자연 농업을 공부했습니다. 지금은 그래도 유기농 하는 분들이 많이 늘어나지만, 그 당시만 해도 관행농이라고 해서 화학비료를 많이 쓰고, 제초제도 많이 쳤죠. 제 자연 농업에는 몇 가지 원칙이 있습니다. 우선 무경운, 즉 밭을 갈지 않아요. 그리고 무제초, 제초를 하지 않습니다. 그리고 무비료, 화학비료를 주지 않아요. 그리고 무농약, 농약을 치지 않아요. 이런 생명 농업을 추

고제순 선생님이 최초로 지은 흙집

구했습니다.

생명을 죽이는 집, 생명을 살리는 집

이렇게 집과 밥과 몸 돌봄에 대해 홀로서기 공부를 했습니다. 제가 흙집을 짓자 많은 분들이 구경을 왔는데, 제게 뭐라고 하느냐면 "선생님, 흙집 체험 교실 같은 거 열면 참 좋겠어요." 이럽니다. 왜냐하면 다른 집에서 볼 수 없는 신기한 것들이 많거든요. 하지만 저는 말도 안 되는 소리라고 했습니다. 제가 건축을 전공한 사람도 아니고, 건축 경험이 많은 것도 아니잖아요. 그래서 그냥 한 귀로 듣고 한 귀로 흘렸죠. 그러다가 제가 본채도 짓고, 원형 사랑채도 짓고, 30평짜리 흙집을 또 짓고, 이렇게 한 서너 채 더 지었어요. 그러면서 경험을 쌓았어요. 그때까지만 해도 흙집 짓는 것을 가르치는 일은 전혀 생각하지 않았죠. 그러다가 2004년 8월 문득 이런 생각이 들었어요.

집이라는 게 우리 삶에 매우 중요한 요소인데, 우리는 대개 콘크리트 아파트에서 산단 말이죠. 그런데 이 콘크리트 아파트가 얼마나 건강에 해로운가 하는 겁니다. 제가 몸소 체험한 사람이에요. 흙집 짓기 전에는 저도 시내 아파트에서 살았습니다. 아파트에 살 때는 제가 정말 몸이 안 좋았어요. 아토피가 있었고, 천식도 있었습니다. 게다가 병원에서는 만성 피로증후군이라는 진단을 내리더군요. 늘 피로했으니까요. 잠을 아무리 자도 아침에 일어나서 개운하지가 않아요.

늘 머리가 무겁고, 뭔가 기분
이 가라앉은 게 전반적으로 좋
지 않았어요. 그랬는데 2000
년에 제가 흙집을 짓고 살아
보니까 이런 증상들이 싹 사라
지더라는 겁니다.

청도에 있는 흙집

우선 만성 피로 증후군이 없
어집니다. 왜냐하면 시골은 일
이 많거든요. 육체노동을 하니
까, 밤늦게 자더라도 아침에
새소리에 잠을 깨면 머리가 맑
고 몸이 가벼워요. 그리고 아

광주에 있는 원형 흙집

토피도 싹 없어졌어요. 여러분, 제 피부가 나쁘지 않죠? (웃음) 이와
관련해서 일화가 하나 있습니다. 제가 교육 중에 얼굴을 도난당한 적
이 한번 있어요. 교육장에 아주머니들도 꽤 오십니다. 그중 연세가
있으신 60대 아주머니셨는데, 이분이 갑자기 손을 들더니 "선생님,
얼굴을 한번 만져 봐도 돼요?" 하는 거예요. 처음엔 농담인 줄 알았
어요. 그런데 꽤 진지하시더라고요. 그래서 만져 보고 싶으면 만져
보라고 했죠. 그분이 벌떡 일어나더니 제 얼굴을 쓱 만지더니 얼굴
피부가 아주 곱다는 겁니다. 여러분도 이렇게 될 수 있어요. (웃음)

여러분, 혹시 아토피의 어원을 아시나요? 그리스어 'atopos'로 원
인을 알 수 없는 기묘한 질병을 의미합니다. 그런데 저는 이렇게 말

하고 싶어요. 아, 아이들이, 토土, 흙을 피避, 피해서 생기는 병이다. 말장난 같지만 실제로 그렇습니다. 요즘 아이들 네 명 중 한 명은 아토피 환자라는 통계가 있잖아요. 그 정도로 아토피 환자가 점점 늘어나는데, 제가 보기에 그건 아이들이 흙을 만지거나 흙을 가까이하거나 흙을 밟을 기회가 거의 없기 때문입니다. 콘크리트 구조물인 아파트에 살지요. 밖에 나가면 아스콘이나 콘크리트 바닥입니다. 학교에 가도 마찬가지죠. 교실, 복도, 사방이 콘크리트입니다. 어떻게 보면 아토피야말로 '아파트 병', '콘크리트 병'입니다. 그런데 제가 흙집에 살면서 아토피가 싹 나았던 겁니다. 이런 사례는 무수히 많습니다. 아토피는 흙만 가까이하면 낫는 병입니다. 요즘 이런 것들이 많이 알려져서 많은 분들이 흙의 소중함을 깨닫고 있습니다. 주변에서 흙집 짓고 사는 게 꿈인 분들이 많이 생겼습니다.

여러분, 평범한 사람들의 이야기를 잠깐 해 보겠습니다. 우리는 보통 학업을 마치고 사회생활을 하게 됩니다. 직장 생활을 하거나 혹은 사업을 할 수도 있겠죠. 그러다 결혼을 하고 가정을 꾸립니다. 그때 신혼부부가 삼는 목표 1순위가 뭐예요? 바로 '내 집 마련'이라는 거죠. 그게 로망이에요. 그래서 대부분 열심히 돈을 벌잖아요. 먹고 싶은 거 안 먹고, 여행 가고 싶어도 참고, 사고 싶은 것 아껴 가면서 돈을 모읍니다. 그래도 모자라면 은행 대출을 받는단 말이에요. 그렇게 해서 자기 소유의 아파트를 마련하는 게 성공적인 코스처럼 여겨집니다.

자, 그런데 아까도 말씀드렸다시피 콘크리트 건물인 아파트라는 데가 사방에서 좋지 않은 기운을 뿜어 대는 곳이에요. 심하게 말하면 독을 뿜는 일종의 가스실과 같은 곳입니다. 생각해 보세요. 고생해서 번 돈으로 마련한 보금자리가 가족의 건강을 해치는 장소라는 게 너무 속상하지 않나요? 저는 원통하고 억울한 일이라는 생각이 들었어요. 저는 흙집이 그 대안이라고 생각했습니다.

제가 살아 보니까 아주 좋은 거예요. 그동안 나를 괴롭혔던 온갖 질병들을 말끔히 날려 보낸, 그런 좋은 기운이 나오는 집이라는 거예요. 그래서 '아, 이 흙집을 멀리 전파해야 하겠다.' 생각했습니다. 사실 좋은 주거 문화를 널리 전파하는 일은 건축을 전공하는 사람들이, 주택을 시공하는 사람들이 해야 할 일이에요. 그런데 제가 봤을 때 그분들에게 기대하기가 어렵겠더라고요. 건축학 박사들은 대개 콘크리트 건축 전공입니다. 요즘 들어서는 유럽 같은 곳에서 생태 건축을 전공하신 분들이 국내 대학에서 활동하고 계시지만 여전히 소수입니다.

부족하지만 저라도 먼저 시작해야겠다는 생각이 들었습니다. 그래서 인터넷에 '흙처럼 아쉬람'이라는 흙집학교 카페를 만들었습니다. 그런데 저는 그 당시만 해도 컴맹이었어요. 워드 정도 칠 줄 알았지, 인터넷은 할 줄도 몰랐죠. 그래서 초등학생인 막내에게 부탁했습니다. 그게 2004년도 8월 19일에 있었던 일입니다. 그때부터 지금까지 흙집학교를 운영하고 있는데, 졸업생이 1,100명 이상 돼요. 졸업생들이 나가서 흙집 짓고 살면서 흙집 전도사 역할을 합니다. 이렇게 해서 저는 전혀 예상치 않게 흙집을 짓는 사람이 됐고, 흙집학교를 운영하고 있습니다. 이런 모든 과정을 거치면서 이제야 비로소 내가 내 전공 공부를 하고 있구나 하는 생각을 하게 되었습니다.

저는 그동안은 학위를 따기 위한 공부들만 해 왔습니다. 관념적이고 이론적이고, 형이상학적인 공부였죠. 현실 감각이 굉장히 떨어진 강단 철학이었습니다. 그러나 이제 흙집을 지으면서 노동을 하면서 그 안에서 공부합니다. 흙집을 짓는 것은 육체노동만 있는 게 아닙니다. 정신노동을 함께 결합해야 합니다. 설계부터 시공까지 끊임없이 생각하면서 일해야 합니다. 그렇게 열심히 머리와 손발을 놀리다 보면 결국은 무에서 유를 창조하는 성취감을 느끼게 되는 겁니다.

건축이라는 것은 종합 학문이죠. 여러 분야의 학문이 다 결합해 있습니다. 그래서 저는 이제 철학이나 건축을 특정 분야에 머무는 것이 아니라 우리 삶의 전 영역에 관계한 메타 학문으로 이해합니다. 사람들이 물어요. 당신은 왜 전공과 상관없는 건축 일을 하느냐고 말입니다. 저는 대답합니다. 철학이라는 것이 생명을 사랑하는 학문이 아니냐고 말이죠. 실제로 제 관심사가 그거였거든요. 철학을 전공했지만 늘 '철학이 도대체 뭐냐?' 하는 게 떠나지 않는 제 관심사였어요. 철학을 공부하는 사람이 철학의 정체를 확인하고 인식하지 못하면 안 된다고 생각했습니다. 산 정상에 가 보지 못하고 등산했다고 할 수 있나요? 정상에 서 봐야 산 전체를 한눈에 볼 수 있잖아요. '철학이라는 것이 무엇인가?' 저는 이 문제에 대한 답을 찾고자 노력했습니다. 학부 때부터 연구한 논문들이 다 그런 쪽이에요. '칼 포퍼가 생각하는 철학이란 무엇인가?', '칼 포퍼의 철학 이념', 이게 제 박사 학위 논문 주제예요.

그런 일련의 과정을 거쳐서 저는 나름대로 철학에 대해 개념 규정을 했습니다. "철학은 생명의 사랑학이다." 이게 제가 내린 결론입니다. 그렇다면 철학자란 누구냐? 철학 박사 학위를 받은 사람? 철학 교수? 저는 이분들만이 철학자는 아니라고 생각합니다. 누구나 철학자가 될 수 있어요. 남녀노소, 전공 불문하고 생명을 사랑하는 사람이면 누구나 철학자입니다. 저는 그렇게 봅니다. 따라서 철학함, 철학적 활동이란 생명을 사랑하는 활동이 되고요. 제가 흙집을 짓고 학생들에게 알리는 것도 그런 의미에서 철학함이라고 할 수 있습니다. 생명을 사랑하는 활동이니까요. 생기 넘치는 보금자리인 흙집을 널리 전파해서 아픈 사람 치유하고, 행복하게 하는 일이잖아요. 사람이 살면서 다른 사람의 생명을 돌보는 일처럼 중요한 건 없는 것 같아요.

지구라는 거대한 집

자, 그럼 다시 흙집이란 무엇인가에 대해서 얘기를 나눠 봅시다. 이번엔 제가 여러분께 질문을 해 보지요. 이 세상에서 가장 큰 집은 무엇일까요? (청소년: "지구") 그렇습니다. 지구, 대단히 크죠. 그러면 그보다 큰 집은 또 없을까요? (청소년: "우주") 우주, 그렇습니다. 지구는 물론이고 모든 존재하는 것들을 둘러싼 광대한 공간이지요.

여러분, 우주를 한자로 풀어 보면 어떻습니까. 집 우宇, 집 주宙입니다. 그야말로 어마어마하게 큰 집이지요. 여러분, 우주에는 수많은 별이 존재하죠? 그중에서도 먼지같이 작은 행성 하나가 바로 지구라는 겁니다. 우주에서 보면 티끌만도 못한 존재죠. 지구도 집입니다. 왜냐하면 수많은 생명체가 살아가고 있잖아요. 그 안에 사람이 있는 겁니다. 그런데 사람도 역시 집입니다. 여러분 한 사람 한 사람이 움직이는 집이에요. 왜 그럴까요? 여러분 몸이 수많은 생명체의 터전이기 때문입니다. 우리 몸속에 얼마나 많은 생명체가 사는지 알아볼까요. 과학적인 자료에 의하면 우리 몸은 100조 개의 세포들로 이루어져 있다고 합니다. 세포라는 게 뭐예요. 단위 생명체죠. 세포만 사는 게 아니에요. 수많은 미생물, 세균들, 박테리아 등등, 이런 생명체들이 내 몸을 집으로 삼아 살고 있습니다.

세포도 역시 집입니다. 세포 안에는 세포보다 더 작은 생명체가 살고 있으니까요. 이런 식으로 따져 가면 사실 이 세상에 집 아닌 것이 없습니다. 마트료시카라는 러시아 목각 인형을 아시나요? 큰 인형을 벗기면 그 안에 그보다 작은 인형이 있고, 그걸 또 벗기면 그 안에 또 인형이 있고, 이런 식입니다. 우주라는 큰 집 속에 수많은 행성, 그 속에 지구, 지구 속에 인간이 있고 또 그 안에 수많은 생명체……. 이런 구조로 되어 있는 게 집입니다. 자, 이렇게 세상엔 집 아닌 것들이 없고 인간은 스스로 집이면서 집 안에서 살아갑니다. 그렇다면 왜 흙집일까요? 하고많은 집 중에서 저는 왜 흙집이 중요하다고 말씀드리는 걸까요? 건강에 좋기 때문입니다. 생명을 살리는 집이기 때문이에요.

비밀은 바로 '흙'에 있습니다.

독일 학자의 연구에 의하면 흙 1킬로그램 속에는 방선균(세균과 곰팡이의 중간적 성질을 가진 미생물)이 약 7,000억 마리, 일반 균류가 약 4,000억 마리, 이외에도 원생동물 박테리아, 단세포 이런 등등이 약 2억 5,000마리가 있다고 해요. 여러분, 생각해 보세요. 어마어마한 수죠. 그러면 왜 이토록 많은 생명체가 흙에서 살아가는 걸까요? 영양분이 많아서겠죠. 먹고살 만하니까요.

사진 하나를 보면서 또 설명을 이어 가도록 하겠습니다. 보세요. 이게 지금 아스콘을 뚫고 들고 일어나는 풀이에요. 엄청나게 강한 생명력입니다. 이것이 어떻게 가능할까요? 아스콘을 파 보면 그 뿌리가 흙에 닿아 있는 걸 볼 수 있어요. 흙으로부터 생명력을 공급받아서 그 힘으로 아스콘도 뚫고 나와요. 이런 경우는 주변에서 쉽게 볼 수 있어요. 여러분 길 가다가 보도블록 틈에 자라는 풀을 볼 수 있죠. 보도블록은 콘크리트로 만들어져 있습니다. 그 위에선 생명체가 자랄 수 없죠. 하지만 보도블록과 보도블록 사이 좁은 틈에는 흙이 있습니다. 흙은 생명을 양산하는 생명의 어머니요 원천입니다. 어쩌면 너무 흔해서 우리는 이 간단한 사실 속에 엄청난 비밀이 있다는 걸 모르고 지내는지도 모릅니다.

반면에 콘크리트

보도블록들 사이나 아스콘을 뚫고 나오는 풀

는 생명을 죽이고, 공격하고, 파괴합니다. 그 안에선 어떤 생명체도 숨쉬기가 어려워요. 그럼에도 인간은 콘크리트에 의존합니다. 콘크리트가 발명된 이래 인간은 엄청난 양의 콘크리트로 생명을 덮어 버렸어요. 우리는 어렵게 노력해서 번 돈으로 콘크리트 아파트를 삽니다. 우리만 그런 게 아니에요. 세계적으로도 대부분 주거 형태가 콘크리트 구조물로 만들어지고 있어요. 콘크리트 건물은 그 자체로도 독성을 가지지만 만들어지는 과정에서도 수많은 생명을 파괴합니다. 한번 생각을 해 보세요. 우선 아파트를 지으려면 콘크리트가 필요하겠죠? 그러면 산을 깎아야 합니다. 석회석을 채취해야 하니까요. 그런데 이 아파트의 수명이라는 것이 보통 20~30년, 길어야 30~40년이에요. 우리나라는 특히 짧습니다. 그래서 때가 되면 재건축과 재개발을 해야됩니다. 석회석이 더 필요하게 됩니다. 그뿐인가요. 건축 폐기물들 또한 엄청난 재앙을 가져옵니다. 환경을 오염시켜요. 물을 오염시키고 공기를 오염시키고 흙을 오염시키지요. 악순환이 반복되는 거예요. 우리 주거 문화가 이렇습니다.

하지만 흙집은 생명의 원천인 흙을 주 소재로 합니다. 물론 나무와 돌도 쓰입니다만 가장 많이 사용되는 것은 당연히 흙이에요. 바닥과 벽에도 흙을 붙이고, 천장 위에도 흙을 얹거든요. 흙집은 다른 콘크리트 건물들과 다릅니다. 수명을 다하면 자연의 품속으로 돌아가요. 폐기물이 남지 않습니다. 뒤끝이 없는 집입니다. 자연 순환적이지요.

저는 흙집을 지을 때 흙, 돌, 나무, 참숯, 이렇게 네 가지 소재를 사용합니다. 참숯은 건강에 굉장히 좋은 역할을 합니다. 여러 가지가 있겠습니다만 우선 공기를 정화하고 습도를 조절합니다. 제독 작용, 단열 작용도 있고요. 그중 으뜸은 참숯에서 나오는 음이온이에요. 우리가 숲 속에 가면 시원하고 상큼하잖아요. 그게 전부 음이온 덕이란 말이에요. 그런데 참숯에서는 이 음이온이 무한히 방출돼요. 그래서 저는 방바닥에도, 벽체에도 천장에도 숯을 깝니다.

건축용 숯은 그리 비싸지 않아요. 25킬로그램 한 포대에 만 원쯤 합니다. 다른 건축 재료에 비하면 훨씬 싼 편이죠. 흙집은 이런 자연 소재, 좋은 에너지를 내뿜는 소재로 지어집니다.

'우주적 관점'에서 바라보기

이야기를 돌려서 다시 집 자체에 대해 이야기를 해 봅시다. 여러분, 집은 공간이지요. 그렇다면 그냥 물질로 이루어진 공간일 뿐인가요? 그렇지 않다는 게 제 생각입니다. 집도 생명체예요. 이렇게 얘기하면 의아하게 생각할 분들이 많을 겁니다.

여러분, 생물 시간에 생물과 무생물을 구분하는 기준을 배우죠. 세 가지로 요약하면 이렇습니다. 우선 생식 능력이 있으면 생물, 없으면 무생물이지요. 두 번째가 신진대사 능력입니다. 이게 있으면 생물, 없으면 무생물입니다. 또 하나는 진화 능력이에요. 진화 능력이 있으면 생물, 없으면 무생물입니다. 생각보다 간단하죠? 자, 이런 관점에서 보면 아까 제가 말씀드린 "집은 생명체(생물)다"라는 말은 틀립니다. 위에서 열거한 세 가지 능력이 없으니까요. 그러나 위의 잣대로는 생명의 본질을 제대로 이해할 수 없습니다. 관점을 바꾸어야 해요.

현대 생물학의 한계가 이것입니다. 생물학에서는 생물을 동물과 식물로 구분합니다. 그리고 동물 중에서도 가장 진화한 존재로 인간을 놓지요. 생명에 위계질서가 만들어집니다. 맨 꼭대기에 사람, 그 아래 영장류, 그 아래 맹금류, 또 그 아래 초식 동물, 그 아래 식물, 무생물, 광물⋯⋯. 이런 식으로 가요. 자연히 인간을 제외한 나머지 생명은 인간을 위한 도구적 존재가 되어 버립니다. 그래서 인간이 자기 이외의 생명을 지배하고 착취하는 게 정당화돼요. 하등한 생명체를 만물의 영장인 인간이 지배하고 이용하는 건 당연한 일이니까요. 하지만 이러한 인간 중심적인 세계관을 갖고서는 생명 세계의 본질에 접근할 수가 없습니다.

그러면 어떻게 해야 우리는 생명의 이치, 원리, 본질을 깨달을 수 있을까요? 좀 더 거시적 관점에서, 우주적 관점에서 세상을 바라봐야 한다는 겁니다. 새롭게 눈을 떠야 해요. 여러분, 요즘 '생태학'이란 말 많이 듣죠? 생물학과 생태학의 차이는 뭘까요? 간단하게 설명을 하면 이렇습니다. 생물학은 특정 생물을 연구하는 학문이에요. 그것이 동물이면 동물학이 되고 식물이면 식물학이 됩니다. 거기에 반해서 생태학이라는 것은 존재하는 모든 것의 '관계'를 연구하는 학문이에요. 여기서 '관계'라는 것이 매우 중요합니다. 불교적 용어로는 '인드라망'이라고 합니다. 존재하는 모든 것은 서로 밀접한 관계에

놓여 있는 겁니다. 이걸 함께 봐야 합니다. 따로 떼어 놓고 보면 본질을 이해할 수가 없어요.

여러분, 존재하는 모든 것은 각자 자신의 고유한 에너지를 발산합니다. 기운이라고 바꿔 말하면 이해가 쉬울까요. 지금 이 방 안에는 보이지 않는 기운이 가득 차 있는 겁니다. 여러분이 멘 가방, 앉아 있는 의자에서 나오는 기운들이 우주를 향해서 발산되고 있는 거예요. 사람도 마찬가지입니다. 옆 사람과 에너지가 상호 작용하면서 우주로 향한단 말이죠. 서로 영향을 미칩니다. 우리는 때로 그걸 감지하기도 해요. 누군가를 처음 만났는데, 그 사람에 대해 갖는 느낌. 아, 저 사람은 사귀고 싶고 친구 하고 싶다는 느낌이 생기죠? 그 사람에게서 나오는, 눈에 보이지 않는 에너지를 내가 감지하기 때문에 호감을 느끼기도 하고, 혐오감을 느끼기도 하는 겁니다.

사람뿐만 아니라 존재하는 모든 것에서 에너지가 나옵니다. 이런 관점에서 생명에 대해 다시 한 번 생각해 봐야 하는 겁니다. 현대 생물학적 관점으로는 불가능합니다. 생명을 보따리 속에 꽁꽁 묶어 놓고는 전체를 볼 수 없어요. 거시적 관점, 생태학적 관점, 우주적 관점에서 생명을 다시 봐야 합니다. 그래야 희망이 있어요.

여러분, 생명이란 무엇일까요? 현대 생물학에서 말하는 식물, 동물 이런 개념 말고요. 주역에 "이간이천하지리易簡而天下之理"라는 말이 있습니다. 풀이하면 "쉽고 간단하나 그것이 곧 천하의 근본 이치니라." 하는 뜻이 되겠죠. 바꿔 얘기하면 참된 이치란 쉽고 간단하다는 말이에요. 복잡하고 어려운 것일수록 오히려 진리에서 더 멀어져 있다고 보면 됩니다. 가방 끈이 길다고 해서 박사, 교수라고 해서 진리를 더 잘 인식하고 깨달을 수 있는 건 아니에요. 가방 끈이 짧아도, 초등학교도 못 나왔어도, 누구나 쉽게 깨달을 수 있어야 그것이 참된 이치라는 겁니다. 그런 관점에서 '생명이란 무엇인가?' 하는 질문에 접근해야 합니다.

다시 한 번 물어 보겠습니다. 생명이란 무엇일까요? (청소년: "살아 있는 것")

그렇죠. 살아 있다는 건 뭐예요? 모종의 에너지가 작동한다는 걸 의미하죠. 뭔가 꿈틀꿈틀 댄다는 겁니다. 그러면 돌은 생명체일까요, 아닐까요? 에너지가 작동하고 있으니까 생명체입니다. 돌에 무슨 에너지가 있느냐고요? 겉보기에는 돌은 그저 죽은 물체입니다. 하지만 생각해 볼까요? 돌이 여기 있다고 가정해 볼게요. 우리 눈에는 분명히 돌은 움직이지 않습니다. 그래서 생명체가 아니라고 생각할 수 있어요. 그러나 그건 어디까지나 인간의 눈으로 보았을 때고요. 전자현미경으로 들여다보면 얘기가 달라집니다. 돌을 구성하는 최소 입자들, 원자들이 끊임없이 움직이고 있어요. 이 과정에서 에너지가 발생해요. 돌에 손을 대면 느낄 수 있습니다. 돌의 에너지, 기운을 느끼는 거예요. 차갑다, 따뜻하다는 촉감이 그것입니다.

'움직인다'는 것은 무엇입니까. 우리는 공간의 변화에만 주목하는 경향이 있어요. A라는 공간에서 B라는 공간으로, 장소를 옮겼을 때만 '움직인다'는 생각을 하는 거죠. 고정관념입니다. 이걸 깨야 해요. 돌도 분명히 살아 '움직이는' 생명체입니다.

이런 관점에서 보면 당연히 흙도 생명체입니다. 햇빛, 바람도 그렇죠. 그렇다면 제 앞에 있는 리모컨은 어떻습니까? 이건 생명체일까요, 아닐까요? 생명체입니다. 왜냐하면 이것도 전자현미경으로 들여다보면 최소 단위 원자들이 끊임없이 움직인다는 사실을 알 수 있어요. 즉, 변화한다는 겁니다. 존재하는 모든 것은 살아 움직이기 때문에 변화하는 겁니다. 이 세상에 변화하지 않는 건 하나도 없습니다. 잘 생각해 보세요. 제가 가진 물건들, 처음 샀을 때하고 지금하고는 다릅니다. 낡은 거예요.

집도 마찬가지예요. 집도 생명체라고 했죠? 변화가 일어납니다. 다만 눈에 띄지 않을 뿐이에요. 변화의 속도가 느릴 뿐입니다. 움직임의 속도가 느린 거죠. 그래서 불교의 삼법인(三法印, 존재의 세 가지 특성)에 "제행무상諸行無常"이라는 말이 있습니다. 모든 것은 무상하다는 뜻이에요. 즉, 영원불변하는 존재는 없다는 겁니다. 이런 관점에서 보면 세상 모든 것은 끊임없이 살아 움직이는 생명체인 겁니다. 여기서 중요한 것은 그 생명체가 사람과 같은 의식적 존재, 즉 영적 존재냐 아니냐 하는 겁니다. 저 돌이, 이 집이 영적 존재인가요? 아닌가요? 깊이 생각해 볼 문제입니다.

생명과 평화를 향한 집 짓기

어쨌든 이런 거시적, 우주적, 생태학적 관점에서 보면 집은 '지구의 세포'라고 생각할 수 있습니다. 사람의 몸은 수많은 생명체, 즉, 세포에 의해서 유기적으로 형성돼 있습니다. 지구도 마찬가지입니다. 수없이 많은 집으로 구성되어 있어요. 그런데 이런 세포들이 제 역할을 하지 못하면 어떻게 됩니까? 사람으로 치면 몸 전체에 이상이 생기죠. 예컨대 제 몸엔 독을 빼는 간세포가 있어요. 그런데 간세포가 제 기능을 못하면 몸 전체가 병듭니다. 소화기관도 영향을 받아요. 인체의 모든 기관이 유기적으로 연결돼 있기 때문입니다.

사람이 사는 집은 '지구'라는 큰 집을 구성하는 세포입니다. 따라서 이것이 지구라는 생명체에 영향을 미칩니다. 집이 건강하면 지구도 건강하지만 좋지 않은 에너지를 뿜어내면 지구는 아플 수밖에 없어요. 사람이 독성을 내뿜는 소재로 집을 짓고 각종 폐기물을 쏟아낸다면, 당연히 지구는 병에 걸리겠죠. 이 사진은 우리가 사는 현재의 모습입니다. 중병에 걸린, 암에 걸린 지구의 모습이에요. 2005년경 바티칸 야외 박물관에서 찍어 온 사진입니다.

지구가 중병에 걸린 여러 가지 원인이 있겠지만, 그중에 한몫 차지하는 것이 바로 우리가 만든 건축물인 집이에요. 좋지 않은 에너지가 나오는 수많은 건축물들, 수명이 다한 집들에서 나오는 엄청

바티칸 야외 박물관에 있는
병에 걸린 지구의 모습

난 건축 폐기물들이 지구를 공격하기 때문에 지구가 이렇게 아픈 겁니다. 여러분도 나중에 집을 짓거나 지어진 집에 살게 될 텐데요. 그 집이 주변의 세포와 조화로운지를 잘 따져봐야 합니다. 나와 내 가족만이 아니라 주변의 생명을 고려해야 한다는 겁니다.

제가 1992년에 유학을 마치고 귀국했을 때 오자마자 딱 눈에 거슬렸던 게 있습니다. 저는 이걸 '한국의 3대 시각적 공해'라고 불러요. 제가 공부했던 곳은 오스트리아의 인스브루크였어요. 알프스 중턱에 있는 도시예요. 대단히 아름답죠. 거기서 아름다운 자연과 건축물을 보다가 한국에 오니까 차이가 눈에 띄더군요. 그 첫 번째가 간판입니다. 눈을 어지럽히는 거리의 간판들 때문에 짜증 나고 불쾌했습니다. 두 번째 시각적 공해가 뭐냐 하면 바로 전봇대입니다. 시골이건 도시건 할 것 없이 전봇대투성이에요. 얼기설기 뒤엉킨 전깃줄이 아름다운 경관을 다 망쳐 놔요.

세 번째가 한국의 건축물 자체입니다. 과장해서 말하자면 우리나라 건축물은 주변 환경을 고려하지 않는, 정말 막가파식 건물이에요. 제가 있었던 알프스의 산들은 그 자체만 놓고 보면 그렇게 좋은 산이 아니에요. 오히려 한국의 산들이 훨씬 아름답고 훌륭합니다. 알프스의 숲은 단조롭습니다. 단일 수종이에요. 그리고 계곡에 흐르는 물도 우리나라처럼 맑고 푸른 것이 아니라 대개 석회수예요. 알프스 산 자제가 석회암 덩어리입니다. 계곡물이 뿌옇습니다. 먹을 수 있는 물이 드물어요. 그럼에도 알프스 산은 세계적으로 유명한 관광지입니다. 세계의 관광객들이 한국의 지리산, 설악산으로 안 오고 알프스 산 쪽으로 가요. 그 이유가 뭘까? 저는 그게 궁금했습니다. 단지 알려지지 않아서일까요? 또는 거리가 멀어서일까요?

제가 생각해 낸 답은 바로 건축물이에요. 알프스에는 자연환경과 조화를 이루는 아름다운 목조 주택들이 있습니다. 우리와 다른 점이지요. 자연과 하나가 된 인간의 집, 그 풍경이 너무도 아름답기에 그걸 보려고 관광객들이 몰려드는 거예요. 훨씬 더 아름다운 자연환경을 가진 우리로서는 안타까운 일입니다.

자, 이제 마지막으로 집 짓기 근본 원리를 설명하면서 강의를 마치겠습니다. 여러분이 나중에 집을 마련할 때 제 얘기를 기억하셨으면 좋겠어요. 한마디로 말씀드리자면 '모든 생명은 서로 연결된 하나다' 라는 사실을 염두에 두고 집을 지어야 한다는 겁니다. 몇 차례 말씀드렸듯이 존재하는 모든 것은 생명체입니다. 우주를 향해 고유의 에너지를 무한히 발산하고 있죠. 그리고 그 에너지들은 서로 영향을 미칩니다. 현상적으로는 나무와 인간이 구분되고, 인간도 개인과 개인으로 구분됩니다. 사람과 탁자, 이 둘은 현상적으로 서로 다른 존재입니다. 그러나 본질적으로는 서로 연결된 하나라는 겁니다. 이런 생각으로 집을 지어야 해요.

집을 지을 때 우선 터를 닦죠? 기초 공사를 하고 벽체 공사를 하고 천장 공사를 하고 지붕 공사를 합니다. 그런데 이 각각의 공사는 서로 별개일까요? 공사마다 사용되는 기술도 다르고 자재도 달라요. 하지만 그렇다고 해서 따로 놀면 올바르게 집을 지을 수 없습니다. 만약에 기초 공사가 부실한 상태에서 벽체 공사가 이루어지면 아무리 단열 자재를 두껍게 하고, 외관을 꾸며도 문제가 생겨요. 기초가 부실하니까요. 또 기초 공사는 잘됐는데 벽을 삐딱하게 세우면 어때요? 무너지겠죠. 따라서 부실 공사를 막으려면 각각의 공사가 유기적으로 연결되어 진행되어야 한다는 거예요. 이렇게 해서 건강한 생명체로서의 집이 나와야만 그 속에 사는 여러분과 가족도 건강하게 살 수 있습니다. 그런 집은 보는 사람도 행복하게 해요. 우리가 길을 걷다가 아름다운 집을 발견했을 때 기분이 어때요? 마음이 편안해지고 '나도 저런 집에서 살고 싶다.' 하는 생각이 들겠죠? 좋은 에너지의 영향을 받기 때문입니다. 반면에 딱 보기에도 흉물스러운 집을 만나면 피하게 되죠.

저는 아름답고 건강한 집을 짓는 게 함께 살아가는 많은 이들에게 행복과 기쁨을 주는 생명 운동이자 평화 운동이라고 생각합니다. 앞으로 여러분이 살 집도 여러분과 가족뿐만 아니라 지구라는 생명체에 좋은 기운과 행복한 에너지를 주는 곳이길 바랍니다.

내가 좋아하는 일을 찾자

청소년 선생님, 흙집 짓는 데 돈이 많이 드나요?

고제순 비용이야말로 현실적인 문제죠. 흙집을 짓고 싶어 하는 분들의 중요한 관심사이기도 합니다. 건축비는 어떤 자재를 쓰느냐, 어떤 공법을 사용하느냐에 따라 차이가 납니다. 건물 구조가 복잡한지 간단한지에 따라서도 비용이 달라지겠지요. 현실적으로 건축비에 따라 집의 품질이 결정된다고 보시면 됩니다. 적어도 구조적으로 튼튼하고 실용적이고 아름답고 건강에 좋은 흙집을 지으려면 평당 한 400만 원에서 500만 원쯤 듭니다. 건축비를 줄이려면 가능한 한 자신이 할 수 있는 것을 찾아야 합니다. 건축비에서 인건비가 50퍼센트 정도 차지하거든요. 예컨대 평당 400만 원짜리 집이라면 200만 원쯤은 인건비로 나간다고 보시면 됩니다. 본인이 직접 하면 인건비가 그만큼 절약되는 거죠. 제가 2000년도에 집을 지을 당시 건축업자에게 다 맡겼으면 평당 400만 원 정도 들었을 겁니다. 그런데 제가 할 수 있는 건 직접 다 했거든요. 계산해 보니까 평당 250만 원쯤 들었습니다. 많이 절약한 셈이죠. 또 다른 질문 있나요?

청소년　원주에 자리를 잡으신 특별한 이유가 있나요?

고제순　특별한 이유는 없고요. 제 고향이 원주거든요. 공부를 마치고 돌아왔는데 수중에 돈이 없었어요. 전세는커녕 월세 방 구할 돈도 없었습니다. 원래 대학이고 유학이고 갈 형편이 못 됐어요. 제가 고3 때 아버지가 중풍으로 쓰러지셨어요. 재수하고 대학에 들어갈 때 누님들 두 분이 도와주셨습니다. 그 후로는 아르바이트도 하고 장학금도 받고 해서 대학을 졸업할 수 있었지요. 그 상황에서 유학은 무모했습니다. 경제적으로는 그랬지만, 어쨌든 당시 저에겐 배짱이 있었어요. 주변을 보니까 친구들도 그렇고 선배들도 대부분 걱정과 염려가 많아요. 먹고살 걱정, 졸업하고 무슨 직장에 가야 하나, 이 호구지책에 늘 노심초사하고들 있더라는 거예요.

제 동기들도 마찬가지였습니다. 그래서 오기가 생겼죠. 단 한 번밖에 없는 인생 아닙니까? 그런 소중한 기회를 먹고사는 문제, 직장 문제, 이런 거에 매달려 평생을 걱정하면서 살 바에야 차라리 뭔가를 저지르자는 심산이었습니다. 이 세상에 태어나서 행복하게 살고, 즐겁게 살고, 신명 나게 살아야지 평생을 그렇게 움츠러서 살면 되겠나 하는 생각이 든 겁니다. 우리 속담에 "산 입에 거미줄 치랴"라는 말이 있지요. 입이 있는 한 나는 굶어 죽지 않는다는 확신이 들었어요. 그래서 더는 먹고사는 문제로 인생을 낭비하지 말아야겠다고 결심했습니다. 그 대신 하고 싶은 일, 내가 좋아하는 일을 찾자. 거기에 에너지를 집중하자고 한 겁니다.

그렇게 해서 유학도 가게 된 거예요. 단지 공부를 더 하고 싶은 욕망뿐이었습니다. 그 외엔 아무런 뒷받침도 없었어요. 그런데 하늘이 도우신 거죠. 그 학교에서 일종의 장학금을 받게 됩니다. 제가 간 오스트리아에서는 당시 등록금이라는 게 없었어요. 말하자면 학비가 무료인 거죠. 그래서 장학금이라는 게 일종의 생활비 개념이었습니다. 우리나라와는 다르죠. 한 달에 매달 100만 원 정도 나왔어요. 덕분에 경제적인 걱정 없이 공부할 수 있었죠. 그래서 빨리 학위를 마칠 수 있었어요. 오로지 공부에만 집중했으니까요.

하지만 학위를 마치고 돌아오니 사정은 다시 이전과 마찬가지였습니다. 여전히 빈털터리였죠. 그래서 원주로 왔어요. 당시 저희 집도 그렇고 처가도 원주에 있었거든요. 그곳에 아이들을 맡기면서 몇 달을 보냈어요. 고향 자랑 같기는 합니다만 저는 원주가 참 좋은 곳이라는 생각을 합니다. 원주에는 훌륭한 분들이 많이 계십니다. 민주화 운동의 메카이기도 하고요. 생명 운동, 생명 사상이 뿌리박은 곳이기도 합니다. 저는 그래서 원주를 사랑합니다.

저는 지금의 여러분처럼 생태적인 삶, 인간적인 삶을 가르쳐 주실 훌륭한 선생님이 그 당시 제게도 있었다면 훨씬 더 일찍 행복하고 멋지게 살았을 텐데 하는 생각을 가끔 합니다. 인생의 가장 중요한 시기인 중·고등학교 때 삶의 근본적인 질문을 접하고 함께 이야기할 수 있다는 건 대단히 훌륭한 일입니다. 여러분은 저보다 훨씬 일찍 철이 난 거예요.

우리가 살아온 집, 우리가 살아갈 집

서윤영

건축 칼럼니스트

집을 짓는 모든 동물은 특정한 방식으로 집을 짓습니다.

상황에 따라서 재료가 변할 뿐이에요. 고유한 집 짓기 방식은 절대 변하지 않습니다.

그렇다면 인간이라는 동물은 과연 어떠한 방식으로 집을 지을까요?

제비가 제비집 짓고, 까치가 까치집 짓듯이 인간도 집 짓는 방식이 똑같습니다.

서윤영

대학원에서 건축을 전공한 후 설계 사무소에서 근무했다. 이후 건축 칼럼니스트가 되었으며 현재 박사 과정 공부를 하고 있다. 쓴 책으로 『우리가 살아온 집, 우리가 살아갈 집』, 『건축, 권력과 욕망을 말하다』, 『내게 금지된 공간 내가 소망한 공간』, 『사람을 닮은 집, 세상을 담은 집』 등이 있다.

2강 본문에 담긴 사진과 그림들은 『사람을 닮은 집, 세상을 담은 집』(시해문집 펴냄, 서윤영 지음), 『집宇집宙』(궁리 펴냄, 서윤영 지음)에 실린 사진과 그림들이며, 시해문집과 궁리 출판사의 도움을 받았습니다.

우리가 살아온 집, 우리가 살아갈 집

안녕하세요. 오늘은 '집'을 인류의 역사와 함께 생각해 보고, 우리나라 집의 역사를 살펴보는 시간을 가질 거예요.

여러분, 최초의 집을 본 적 있나요? 지구에 인류가 처음 나타났을 때 집의 모습은 어땠을까요? 박물관에 가면 원시 인류가 지었던 집의 모형이 전시되어 있습니다. 유적을 통해서 혹은 상상을 통해 추정한 것들입니다. 여러분이 아는 최초의 집은 뭔가요? (청소년: "움집이요" "동굴이요") 네, 교과서를 보면 석기 시대 인류들이 동굴에서 살았다는 내용이 나오지요? 하지만 그것은 우리가 인류의 집에 대해 가지는 첫 번째 오류입니다. 실상은 그렇지가 않아요. 자세히 살펴보도록 하지요.

사람이 지은 최초의 집

원시 시대의 삶을 상상해 보기 위해 가정을 한번 해 봅시다. 우리가 어느 날 비행기를 타고 가다가 추락해서 무인도에 떨어졌어요. 다행히 살아남았지만 그곳엔 우리 외에 단 한 명의 사람도 살지 않습니

다. 우선 먹을 걸 찾아야 하겠지만 당장 살 곳도 없어요. 구조선이 오
게 될지 아니면 그곳에서 죽게 될지 모를 상황입니다. 그래도 희망을
놓지 않고 기다리는 상황이라고 해 보죠. 자, 이제 어디서 오늘 밤을
지내야 할까요? 밤이 찾아오니 추위가 느껴집니다. 게다가 무인도에
는 맹수가 살지도 몰라요. 아마 원시 시대의 인류도 비슷한 상황이었
을 것입니다.

　방금 여러분이 답한 것처럼 동굴에서 자면 될지도 모릅니다. 하지
만 동굴은 그렇게 흔하지 않아요. 혹시 여기 앉아 계신 분 중에 동굴
을 본 적이 있는 사람 있나요? 사진이나 여행 때 본 것 말고 실제로
주변에서 말이에요. (청소년: "없어요") 그래요. 저도 관광지에서 구경
한 것 외에는 한 번도 본 적이 없습니다. 제 눈에만 안 띄었을 리는 없
고요. 원시 시대에도 마찬가지였을 겁니다. 그런데도 우리는 원시인
하면 동굴에서 불을 피우고 고기를 구워 먹는 장면을 떠올립니다. 이
것이 바로 유물 고고학이 갖는 오류라고 할 수 있어요. 지금부터 그
이유를 설명해 드릴게요.

　우선 유물 고고학이 무엇인지 말씀드리죠. 유물 고고학이란 인류
가 남긴 유물을 통해 과거의 생활을 추정·복원하는 학문이에요. 그
런데 이 유물이라는 게 대부분 어디서 나오느냐 하면 바로 동굴입니
다. 그래서 많은 유물 고고학자는 원시 시대 인류가 동굴 속에서 살
았다고 생각한 겁니다. 하지만 그건 사실이 아니에요. 실제로는 대부
분 동굴 밖에서 집을 짓고 살았습니다. 다만 그게 유물로 발견되지
않은 것은 당시 자연에서 얻은 재료들로 간단하게 지은 거라서 시간

이 지나면 흔적도 없이 사라졌기 때문이에요.

생각해 보세요. 만약 나무로 집을 지었다고 하면, 비바람에 쉽게 휩쓸려 갔겠지요. 하지만 동굴 속에 있었던 유물과 흔적은 그 동굴이 있는 한 영원히 그 자리에 남아 있게 되지요. 그래서 몇만 년, 몇십만 년의 세월을 뛰어넘어 오늘날까지 전해 오게 된 거예요.

흔히들 유물 고고학을 일컬어 '쓰레기 고고학'이라고도 합니다. 이건 비하하거나 속되게 표현하려는 뜻이 아니에요. 실제로 우리가 조개무지 같은 생활 쓰레기를 통해 인류의 발자취를 더듬어 가잖아요. 우리에겐 유물이지만 당시에는 생활하고 버린 쓰레기였을 겁니다. 그런 것이 유일한 증거이기에 이걸 토대로 당시의 삶을 추정하는데 오류가 생길 수 있는 겁니다. 만약 이런 방식을 오늘날 인류의 삶을 추정하는 데 적용하면 어떤 일이 생길까요?

미래의 어느 유물 고고학자가 요즘 아파트 단지에서 버린 쓰레기를 발견하고 이걸로 오늘날의 생활을 복원한다고 칩시다. 유물 고고학자는 쓰레기통에서 모은 라면 봉지와 쌀 봉지를 각각 분류해서 통계를 내 봅니다. 그랬더니 라면 봉지가 훨씬 많이 나오는 거예요. 그것을 토대로 21세기 대한민국이라는 나라의 주식은 라면이었다는 연구 결과를 발표합니다. 하지만 사실은 어때요? 쌀이 주식입니다. 다만 라면은 일회용이라 개별 포장인 거고 쌀은 용량이 큰 봉지에 담겼기에 봉지 수로 보면 라면 쪽이 훨씬 많은 것이죠. 게다가 라면 봉지는 오랫동안 썩지 않는 비닐 소재고 쌀 봉지는 종이로 만들어졌습니다. 쌀 봉지는 썩어서 없어졌겠죠. 아까 말씀드린 동굴의 예와 비슷한 오류입니다. 발견된 것만 가지고 추정을 하자니 이런 결과가 나오는 겁니다.

자, 그럼 다시 본론으로 돌아와서, 사람이 최초로 지었던 집을 생각해 봅시다. 여러분, 동물들도 집을 짓습니다. 사람만 그런 게 아니에요. 이와 관련해서 재미있는 경험이 하나 생각나네요. 제가 학교를 졸업하고 설계 사무소에서 일할 때입니다. 점심때 편의점 앞에서 음료수를 마시고 있었어요. 그런데 머리 위에서 뭐가 드문드문 자꾸 떨어지는 거예요. 몽당연필, 나뭇가지, 나무젓가락, 이쑤시개, 아이스크림 막대 따위가 자꾸 눈앞으로 떨어집니다. 저는 건물 위층에서 누군가가 장난을 치는 줄 알았습니다. 그런데 올려다보니 놀라운 광경이 펼쳐졌어요. 전봇대 전깃줄에 까치 두 마리가 집을 짓는 거예요. 까치들은 본래 나무 위에 나무가지들을 물어다 집을 지어요. 그런데 그 까치들은 집의 재료로 나무젓가락, 이쑤시개, 몽당연필, 이런 걸 쓴 겁니다. 그래서 자꾸 아래로 떨어졌던 거예요. 전깃줄이 미끄러워 잘 엮이지가 않은 거죠.

궁금해서 퇴근 후 다시 찾아가 보니 까치들은 결국 집을 못 지었어요. 다만 그 아래에는 도심에서 물어 온 온갖 재료들과 작은 나무토막 같은 것들이 잔뜩 떨어져 있더라고요. 재미있지 않나요? 환경에 적응하는 거잖아요. 공장 지대에 사는 까치들은 철제 H빔 안에 못과 철사를 물어다가 둥지를 지어 알을 낳고 키우기도 한데요. 나뭇가지가 없으니까 대체물을 찾은 겁니다.

제비도 한번 봅시다. 제비는 어떻게 집을 지어요? 진흙과 지푸라기를 물어다 엮어서 둥지를 짓지요. 그런데 진흙이 없으면 어떻게 지어요? 자기 침이나 물고기 같은 재료를 쓴답니다. 이렇게 만들어진 제비집은 아주 값비싼 요리 재료로 사용된다고 해요. 아무튼 동물들은 각자 집을 짓는 고유한 방식이 있습니다. 환경에 따라 재료만 바뀔 뿐이지요. 그런데 모든 동물이 이렇게 집을 짓는 것은 아닙니다. 특정 동물들만이 집을 지어요. 하지만 지능이 높거나 사회성이 뛰어난 동물들만이 집을 짓는 것은 아닙니다. 지능과 사회성만 따진다면 영장류인 침팬지라든지, 고릴라, 보노보노도 집을 지어야 하는데 그렇지가 않거든요. 영장류 중에서는 오로지 사람만이 집을 짓습니다.

지능이 낮은 물고기나 벌레들도 집을 지어요. 개미나 벌이 지은 집은 놀라울 정도로 훌륭하죠. 그렇다면 이들은 왜 집을 지을까요? 새나 물고기, 벌레들이 집을 짓는 가장 기본적인 이유는 체외 임신 때문입니다. 쉽게 말해서 알을 낳아야 하기 때문이에요. 물고기가 그렇고 곤충이 그렇습니다. 어린 새끼들을 위해 집을 지어야만 하는 거예요. 종족 번식을 위한 본능이라는 거죠. 앞서 까치 두 마리가 집을 짓고 있었던 이유도 분명히 임신했기 때문일 거예요. 그래서 두 마리가 그렇게 강력한 파트너십을 발휘했던 거겠지요.

그렇다면 사람은 체외 임신을 하지 않는데 왜 집을 지을까요? 사람은 다른 동물과 달리 새끼가 미숙하게 태어나기 때문입니다. 막 태어난 아기는 부모의 절대적인 보살핌이 필요해요. 이 시기에 보살피는 사람이 없으면 100퍼센트 사망합니다. 영장류인 사람은 집을 짓는 다른 동물들과 달리 체내 임신이긴 하지만 출산 후 양육 기간이 상당히 길어요. 집을 짓게 되는 요인은 뛰어난 지능이라든지 사회성 등이 아니라 종족 번식의 필요성 때문입니다.

집을 짓는 모든 동물은 특정한 방식으로만 집을 짓습니다. 상황에 따라서 재료가 변할 뿐이에요. 고유한 집 짓기 방식은 절대 변하지 않습니다. 제비가 제비집 짓고, 까치가 까치집 짓는 방식과 사람이 집 짓는 방식은 똑같습니다. 우리나라의 초가집과 외국의 벽돌집도 모양은 달라도 짓는 방식은 같습니다.

최초에 집은 관목들로 지어졌습니다. 개나리나 진달래처럼 잘 휘어지는 관목들의 가운데를 쳐낸 다음 사람이 들어갈 공간을 만들고서 위를 가지로 막아요. 이렇게 하면 비를 피하거나 잠시 앉아 있을 수 있는 공간이 생기는 것입니다. 지금도 산속에서 갑자기 내리는 비를 피하거나 햇빛을 피하고 싶을 때는 이런 방식으로 임시 쉼터를 만들 수가 있지요. 이것이 인류가 지은 최초의 집입니다.

이렇게 지어진 집은 하루 이틀 지나면 없어지기 때문에 유물과 유적으로 남지가 않습니다. 대신 신화라든지 무가巫歌에 작은 편린과 흔적들로 남아 있습니다. 제주 무가에 농사의 여신인 자청비 이야기가 나오는데, 거기에 보면 이런 내용이 있어요. 자청비가 하인과 함께 문 도령을 만나러 갑니다. 그런데 아무리 기다려도 문 도령이 안 오니까 할 수 없이 밤을 지내려고 움막을 지어요. 무가는 이 장면을 “서쪽으로 뻗은 가지는 동쪽으로 엮어 놓고, 동쪽으로 뻗은 가지는 서쪽으로 엮어 얼렁뚱땅 움막을 지어 하루를 지냈다”고 묘사하고 있어요.

지금도 아프리카에서는 이런 방법으로 집을 지어요. 우리나라에

서도 아주 시골, 강원도 두메산골에 사는 화전민들이 산속에서 비를 맞았을 때 이 방법으로 움막을 지어 비를 피한다고 합니다. 몇만 년 전의 집 짓기 방식이 지금까지 이어진 것입니다. 최초의 집은 집이라기보다 빨리, 쉽게 지을 수 있는 일종의 은신처였다고 할 수 있겠습니다.

사람이 집을 짓는 방식-세울 건과 쌓을 축

사람이 집을 짓는 방식에는 두 가지가 있습니다. 하나가 세울 건建, 다음이 쌓을 축築이에요. 먼저 세우는 것을 살펴보겠습니다.

세우는 방식은 아주 쉬워요. 나뭇가지들을 수직으로 엮어서 공간을 만든 다음에 뼈대와 얼개를 짭니다. 그리고 그 위에 햇빛과 비를 막고자 가림막을 씌웁니다. 가림막은 풀 같은 걸 엮어서 만들어요. 아까 말씀드린 관목 집과 같은 형태죠. 암사동에 있는 선사 시대 주거 유적이라든지, 경복궁에 있는 주거 유적, 원시 시대 주거 유적이다 이런 식으로 되어 있습니다. 우리나라처럼 나무와 풀이 흔한 온대 기후 지역에 적합한 방식입니다.

그러면 나무와 풀이 없는 지역에서는 어떻게 집을 지었을까요? 아까 형태는 변하지 않고 재료만 변한다고 했죠. 그렇습니다. 건조한 지역에 사는 인디언들은 나뭇가지를 엮는 것은 똑같지만, 구하기 어려운 풀 대신 물소 가죽으로 가림막을 했어요. 물소 가죽은 풀보다 비가 덜 새고, 훨씬 가볍다는 장점이 있었죠.

나무도 구할 수 없는 북쪽 툰드라 지역 같은 데는 어떻게 했을까요? 그곳에 사는 이누이트는 매머드의 거대한 뼈와 상아로 집의 뼈대를 짜고 그 가죽으로 가림막을 했습니다. 보통 이누이트 하면 얼음집만 생각하는데 여름에는 이런 집을 짓기가 불가능합니다. 얼음이 녹기 때문이에요. 그렇다고 여름에 집 없이 지낼 수는 없잖아요. 그들도 다른 지역에서 했던 방식대로 집을 지었습니다. 다만 구하기 쉬운 재료를 썼을 뿐

아메리카 인디언이 지은 집,
티피(Tipi)

이에요. 특이한 것은 대부분 지역에서는 쌓기나 세우기 중 한 가지 방식으로 집을 지었는데 유독 이누이트만은 여름에는 세우기로 겨울에는 쌓기로 집을 지었다는 거예요. 세상에 두 가지 건축 기술을 교대로 그렇게 자유롭게 사용하는 민족은 이누이트밖에 없어요.

여러분 여름에 캠핑 가면 텐트 치지요? 텐트도 이런 원형의 집이 가지는 두 가지 요소가 있어요. 바로 뼈대와 가림막입니다. 우산도 마찬가지에요. 살과 천으로 이루어져 있습니다. 비와 햇볕을 피하는 우산의 기능은 기본적으로 집과 차이가 없어요. 이처럼 뼈대와 막은 집을 구성하는 두 가지 큰 요소입니다. 아프리카의 움막이든 미국의 백악관이든 이 두 가지 구성은 끝까지 남아 있어요.

건물의 뼈대를 한문으로 집 주宙라고 합니다. 막은 한문으로 집 우宇라고 하지요. 자, 그러면 생각해 봅시다. 나무 뼈대와 풀 가림막 중에서 어느 것이 더 오래갈까요? 당연히 뼈대겠지요. 풀로 엮어 만든 막은 정기적으로 갈아야 합니다. 그래서 뼈대는 영원한 시간, 무궁한 시간을 상징하게 돼요. 그럼 가림막이라고 하는 것은 무엇인가요? 뼈대가 앙상하게만 있으면 공간이 만들어지지 않지요. 이것을 가림막으로 덮어야만 공간이 생기지요. 그렇기에 가림막은 공간을 의미하게 됩니다. 무한한 공간, 그래서 흔히 우리가 하는 말로 집 주宙라고 하는 것은 뼈대, 다시 말해서 영원한 시간, 영속적인 시간을 상징하고, 집 우宇라고 하는 것은 가림막으로 무한한 공간을 상징합니다. 그래서 우주는 무한한 시간과 영원한 공간을 아우르는 말이 된 것이지요. 모든 언어는 사물을 구체적으로 직접 지시하다가 추상적

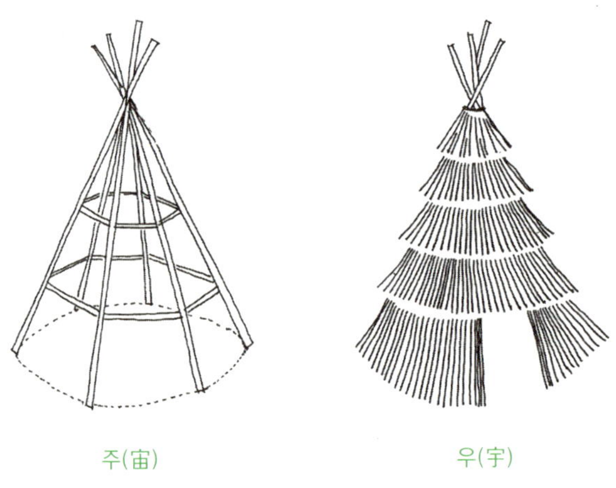

인 의미로 발전합니다.

지금 우리가 있는 강의실을 한번 보세요. 기둥 즉, 뼈대가 있지요. 그리고 이 기둥을 지나가는 가림막 즉, 보들이 있습니다. 집 우宇, 집 주宙가 여기에도 있는 것이지요. 이런 것이 바로 세우는 건축이 되겠습니다.

자, 그럼 이제 집을 만드는 두 가지 방식 중에 나머지 하나 바로 '쌓는 건축'에 대해 알아보겠습니다. 무엇을 쌓아 올리는 걸까요? 쉽게 생각해서, 여름에 바닷가에 놀러 가서 심심하면 뭐 합니까. 모래밭에서 두꺼비 집을 짓죠. "두껍아, 두껍아, 헌 집 줄게, 새집 다오." 하면서 말이에요. 적당히 젖은 모래를 주먹 위에 쌓아 올리고 두드려 단단히 한 다음에 주먹을 살그머니 빼면 그 안에 공간이 생깁니다. 조그마한 모래 두꺼비집이 만들어지는 겁니다. 점성이 강할수록 더 큰 집이 지어져요. 이런 원리입니다.

그것이 바로 쌓을 축築, 쌓는 건축이에요. 물론 두꺼비집은 금방 무너집니다. 사람이 살려면 그보다 정교한 형태로 지어야 해요. 쌓는 건축은 흙의 건축이라고 할 수 있는데, 시골에서 흙벽돌을 가지고 지은 집도 일종의 쌓는 건축입니다. 이런 식의 집은 강도가 약해서 쉽게 허물어진다는 약점이 있어요. 강도를 높이는 게 중요합니다. 그래서 인류는 벽돌이라는 걸 발명해요. 흙을 훨씬 강도가 높은 벽돌로 만들어서 하나씩 쌓는 겁니다. 벽돌이 만들어지는 과정은 다 아시죠? 거푸집에 흙을 넣은 다음에 빼면 벽돌이 만들어집니다. 이걸 햇빛에 말린다거나 불에 구우면 강도가 훨씬 높아져요.

고대 중국에서는 판축법이라는 걸 사용했습니다. 나무판자를 양옆에다가 대고 밧줄 같은 걸로 고정한 다음에 그 안에 진흙과 모래를 넣어요. 그런 다음 사람들이 올라가서 발로 밟거나 나무망치로 꽝, 꽝, 꽝 두들겨요. 그렇게 해서 하루 정도 놔둔 다음에 이 판자를 떼어 내면 어떻게 될까요. 그 자리에 그대로 흙벽돌이 서 있겠죠. 판자 판版, 쌓을 축築이라 해서 판축이라고 하는 것이지요.

중국의 만리장성은 이렇게 지어진 거예요. 우리나라 삼국 시대만 해도 산성, 토성 같은 거는 거의 다 판축법으로 지어졌어요. 백제 시대의 산성인 몽촌토성이 대표적입니다. 여기다 강도를 더 높이려면 석회석을 첨가하면 됩니다. 석회석은 우리나라에서 많이 나는 재료예요.

흙과 석회석을 쓰던 옛날 방식에다 조금 더 화학적인 공정을 첨가한 것이 오늘날의 콘크리트입니다. 콘크리트는 2,000년 전 고대 로마

시대에 처음 발명되었습니다. 보통 20세기에 발명된 거로 생각하는데 그 기원은 훨씬 오래전으로 거슬러 올라갑니다.

이렇게 인류가 집을 짓는 두 가지 방법, 쌓기와 세우기는 고대에서 지금까지 지속되고 있습니다. 차이가 있다면 지역마다 재료가 다르고 집을 짓는 도구와 기술이 보다 고급화되고 정교화되었다는 점입니다.

사람의 집 짓는 두 가지 방법, 즉 세우기[建]와 쌓기[築]를 합쳐서 건축이라고 합니다. 그리고 이러한 건축 공사 일반을 토목 공사라고도 하지요. 지금은 토목학과, 건축학과로 나뉘어 있지만 옛날에는 하나로 합쳐져 있었어요. 여기서 토목 공사라 할 때 토土와 목木을 한번 생각해 봅시다. 토는 흙이죠? 집 짓기의 두 가지 방식 중 하나인 '쌓기'입니다. 그렇다면 목은? 나무 즉 '세우기'입니다. 결국은 건축과 같은 말인 거예요.

자, 그럼 이제 어떻게 집을 지었는지를 알게 되었으니 무엇으로 집을 지었는지를 살펴볼 차례입니다.

집을 짓는 재료—흙과 나무, 돌

인류가 초기에 집을 무엇으로 지었는지를 알아보려면 신화로 눈을 돌려야 합니다. 사람이 집을 짓는 여러 가지 중요한 재료들은 흙, 나무, 돌 등인데 흙으로 집을 만드는 문화권에서는 신화 속에서 사람도 흙으로 만들어집니다. 나무나 돌을 주로 쓰는 문화권도 신화 속에서 그들 고유의 재료가 사람을 만드는 데 쓰였다는 걸 알 수 있어요. 이걸 말씀드리고자 신화 이야기를 하는 거예요.

대부분 신화는 세상이 어떻게 해서 생겼는지로 이야기를 시작합니다. 신이 이 세상을 창조했다, 하늘과 땅과 물로 나누고 해와 달을 만들었다, 무지개와 천둥·번개들이 만들어졌다, 하는 식이죠. 이렇게 해서 세상이 생기고 나면 바로 사람의 차례입니다. 세상을 만든 신이 이제 사람을 창조합니다. 그런데 무엇으로 사람을 만드나요? 네, 그렇습니다. 지역마다 다르지만 가장 많이 나오는 재료가 바로 '흙'이에요. 신은 흙으로 인간을 만듭니다. 대표적인 게 성경이잖아요. 신은 자신의 모습을 본떠 흙으로 인간을 빚습니다. 성경은 주로 메소포타미아 중동 지역의 신화입니다.

흙으로 사람을 만든다는 신화가 퍼져 있는 지역은 대개 온대 지역이에요. 농경을 하죠. 농경을 주로 하는 지역의 신화에서는 대부분 흙으로 인간을 만듭니다. 중국 신화를 봐도 그래요. 여와 신이 흙으로 빚어서 사람을 만든다는 이야기가 나옵니다. 혹시 진시황의 무덤에 있는 병마도용 아시나요? 병사와 말들을 실물 크기로 정교하게 만들었는데 가만히 보고 있으면 정말 살아 숨 쉬는 것 같아요. 모두 흙으로 만들어진 것입니다. 아마도 신이 사람을 만들 때 그런 식으로 만들지 않았나 하는 상상을 하게 돼요.

신화에 나오는 또 다른 재료는 '나무' 입니다. 북유럽 신화에 보면 신이 큰 강물에서 떠내려 오는 나무토막을 건져 냅니다. 그중 물푸레나무를 깎아서 남자를 만들고, 느릅나무를 깎아서 여자를 만들어요. 나무를 깎아서 사람을 만드는 신화는 아프리카, 말레이시아, 아마존 지역에서도 전해 옵니다.

신화마다 사람을 만든 재료가 다르지만 공통점이 하나 있습니다. 바로 그 지역에서 가장 구하기 쉬웠다는 거예요. 또한 당시 생활과 밀접한 관련이 있었을 거라는 겁니다. 온대 지역은 땅이 비옥하고 사람들은 농경 생활을 했기에 토기를 만들어 썼습니다. '흙' 은 곡식을 키우고 생활용품을 만드는 아주 중요한 재료였던 것이죠. 신이 흙으로 인간을 만들었다고 생각하는 건 지극히 자연스러운 일이었을 겁니다. 반면 기후가 농경에 적합하지 않아 수렵과 채집을 주로 했던 지역, 예컨대 북유럽이나 아프리카 같은 지역은 흙보다 나무가 중요했을 겁니다. 구하기도 쉬웠을 뿐더러 각종 도구를 만드는 데 더없이 유용한 재료였겠지요.

여러분 나무로 만들어진 사람 인형 피노키오를 아시죠? 그곳에서는 지금도 나무 인형 놀이를 많이 합니다. 여러분이 잘 아시는 레고는 핀란드의 장난감 회사입니다. 그 지역에서는 예전에 우리 할아버지가 나무를 깎아 팽이와 연을 만들어 주듯이 나무 인형을 만들었는데, 레고는 그런 장난감을 만드는 가내 수공업 회사였어요. 지금은 전 세계에 장난감을 파는 거대한 다국적 기업이 되었지요.

그리고 마지막으로 '돌'이 있습니다. 나무도 별로 없고 토지도 비옥하지 않은 그리스 같은 곳은 대신 돌이 많이 나요. 그리스 대리석 하면 유명하잖아요. 우리가 흔히 볼 수 있는 신전 건축물도 대리석으로 지어졌습니다. 그리스 지역은 이렇게 훌륭한 건축 자재가 있었지만 농사를 짓기에는 기후가 좋지 않았어요. 참고로 모든 문명은 그 문명을 뒷받침해 주는 곡식이 있습니다. 예컨대 중국 문명은 쌀, 메소포타미아 문명은 보리, 이집트 문명은 밀, 이렇게 그 문명을 대표하는 중요한 곡식이 있어요.

그런데 그리스는 없습니다. 그리스 문명이 세계 5대 문명으로까지 성장할 수 없었던 이유는 토양이 척박해서 곡식이 없었기 때문이에요. 곡식을 이집트에서 수입해서 먹었어요. 대신 유명한 특산물이 뭔가요. 바로 포도와 올리브입니다. 그리스는 유럽의 문화에 지대한 영향을 끼쳤죠. 그래서 지금도 유럽인들은 포도주를 '신의 눈물'이니 올리브기름은 '천사의 땀방울'이니 하며 포도와 올리브를 기립니다.

그리스 지역에는 돌로 인간을 만들었다는 신화가 있습니다. 피그말리온 이야기가 그렇죠. 어느 조각가가 자기가 조각한 소녀와 사랑에 빠진다는 이야기잖아요.

이런 이야기도 전해집니다. 예전에 큰 홍수가 나서 모든 사람이 죽었는데, 데우칼리온과 피라라는 70대 노부부만이 살아남게 되죠. 그래서 그들이 신에게 기도를 드리니까, 신이 이런 말을 해요. "너희가

눈을 가리고 내 어머니의 살을 훔쳐서 어머니의 뼈를 등 뒤로 집어던
져라.” 어머니의 살이라고 하는 것은 부드러운 흙이 되겠고, 어머니
의 뼈는 딱딱한 돌이에요. 두 사람은 신의 명령을 따릅니다. 눈을 가
린 채 하얀 대리석들을 뒤로 던지지요. 할머니가 던진 돌은 아름다운
여성으로 변하고 할아버지가 던진 돌은 남성으로 변해요. 이 둘이 지
금 그리스인들의 조상이 되었다는 이야기입니다.

그리스 문화에서 ‘돌’ 즉 대리석은 빼놓을 수 없는 요소예요. 그리
스의 건축, 조각에 등장하는 돌은 그리스의 상징입니다. 그리스인들
이 이토록 훌륭한 대리석 작품을 남길 수 있었던 이유는 특히 그리스
의 대리석이 굉장히 무르고 조각하기가 쉽기 때문입니다.

신화와 건축–여신은 왜 남신이 되었나?

신화와 건축에 대해서 조금만 더 살펴보도록 해요. 건축은 신과 아
주 긴밀하게 유기적으로 연결되어 있어요. 여기서는 우리나라 전통
신을 살펴보겠습니다.

집을 지으려면 집터가 있어야 하는데, 그 집터를 지키는 신이 터줏
대감입니다. 흔히 우리는 터줏대감을 남성이라고 생각하지요. 그러
나 모든 문화권에서 땅은 어머니와 동일시되죠. 그래서 땅의 신은 언
제나 여성이었습니다. 우리는 흔히 “남자는 하늘, 여자는 땅”이란 말
을 하죠. 그런데 이런 말을 하면 지금은 난리가 나죠. 여성을 비하하

는 의미로 쓰이잖아요. 하지만 이 말의 진정한 뜻은 하늘의 남신 男神 과 땅의 여신 女神이 결합해서 천지만물이 생겼다는 것이에요.

우리가 먹는 밥, 입는 옷이며 쓰는 물건들, 이 모든 것이 결국 어디서 나오나요? 땅으로부터 오는 것이죠. 그래서 인간이 살아가는 데 필요한 모든 생육을 직접 담당하는 땅을 어머니 여신으로 표현했어요. 대신 하늘은 무엇인가요. 때에 알맞게 비와 햇빛을 뿌려서 만물의 생육을 돕습니다. 그래서 아버지 남신을 하늘에 빗대어 표현한 것입니다. 전 세계 문화권에서 공통으로 땅은 여신이고, 하늘은 남신이에요. "남자는 하늘, 여자는 땅"이라는 말의 정확한 뜻은 이겁니다.

이런 맥락에서 보자면 땅을 관장하는 신에서 파생된 산신, 집터의 신도 여신이어야 합니다. 그런데 그렇지 않죠? 우리가 아는 산신 즉, 산신령 어때요. 호랑이를 데리고 다니는 나이 지긋한 할아버지를 떠올리게 됩니다. 터줏대감도 마찬가지예요. '대감'이란 말에서 알 수 있듯이 남성이에요. 하지만 분명히 알아 두어야 할 것은 원래부터 그렇지는 않았다는 겁니다. 본래는 여신이었으나 가부장권이 확립되면서 남신으로 신격이 변하게 된 거예요. 모든 신화에서 나타나는 공통적인 현상입니다.

이것을 이해하려면 인류의 역사에서 여성의 역할이 어떻게 변화했는지를 살펴보아야 합니다. 여성은 임신과 출산, 생육을 담당합니다. 지금도 그렇지만 과거 인류 사회에서 이러한 역할은 그 무엇보다도 중요한 것이었습니다. 자식을 낳고 키우는 일은 그 씨족 사회의 생존과 직접 관련되어 있었으니까요.

옛날에는 누가 아버지인지 정확히 알기가 어려웠어요. 지금처럼 일부일처제가 확립된 것도 아니고 결혼 제도 자체가 없었던 시절이 잖아요. 그러니 아이가 태어나면 엄마는 알 수 있지만 아빠는 알기 어려웠던 거죠. 알지 못한다는 건 없다는 것과 마찬가지입니다. 그래서 원시 시대에는 가모장家母長 제도가 일반적이었어요. 여성이 한 사회의 중심이 되다 보니 여신 신앙이 많았지요. 고대 신앙으로 갈수록 여신들이 많습니다.

그런데 철기 시대가 들어서면서부터 사정이 달라져요. 한곳에 정착하고 농사를 지으면서 잉여 농산물이 생겨요. 필연적으로 전쟁이 일어나게 됩니다. 농경과 전쟁은 불가분의 관계예요. 수렵, 채집 사회에서는 전쟁이 일어나지 않습니다. 수렵, 채집 사회에서 식량은 하루 단위로 소량 획득되기 때문이죠. 하지만 농경은 다릅니다. 1년 단위로 식량이 다량 획득되잖아요. 생산성에서 훨씬 높습니다. 대신 약탈의 위험이 생기죠. 수렵, 채집 사회와 달리 농경 사회가 도래하자 다른 부족들이 수확한 농산물을 빼앗기 위한 약탈이 벌어집니다. 이를 막고자 전사 계급이 출현합니다. 전사 계급은 당연히 강도 높은 무기를 다루는 남성이 담당하게 돼요. 갈수록 생산성이 높아지고 약탈이 빈번해지면서 전사 계급의 위상이 높아지겠죠? 그렇게 해서 남성의 지위가 향상되기 시작하는 겁니다. 여신이 지배했던 시대가 서서히 막을 내리는 거예요.

철기 시대가 되면서 가부장家父長권이 확립되자 여신은 두 가지 길을 걷게 됩니다. 원래는 여신이었다가 서서히 남신으로 신격神格이 변화하는 경우가 첫 번째이고, 두 번째는 여신으로서 신격을 그대로 유지하지만 지위가 낮아지는 즉, 신직神職이 하락하는 경우입니다. 아까 말씀드린 지신이라든지 산신의 경우가 첫 번째에 해당합니다. 여신이었다가 남신으로 신격이 변화한 거죠.

우리나라는 철기 시대의 시작을 보통 삼국 시대로 보는데요. 이 시대의 기록인 『삼국유사』에 보면 이런 변화의 편린이 많이 등장합니다. 몇 가지를 살펴보도록 하죠.

김유신이 하인과 식솔들을 데리고 백제를 정벌하러 갑니다. 그러던 중 밤에 숲에서 야영을 하는데 이때 아름다운 여인 세 명을 만나요. 나림, 혈례, 골화라고 하는 세 여인인데, 갑자기 나타나서 "길을 잃어버려서 그러는데 백제까지 데려다 주시겠어요?" 이럽니다. 그래서 김유신이 세 여인과 함께 가게 되었어요. 밤이 이슥해지자 세 여인이 김유신 앞에 나타납니다. 그러고는 일행 중에 백제 첩자가 있다는 사실을 알립니다. 그래서 김유신은 자신의 심복이 백제의 첩자라는 사실을 알게 됩니다. 그런데 신화학자들은 여기에 나오는 세 여인을 산신으로 해석합니다. 그러다 나중에 우리가 잘 아는 백발이 성성하고 지팡이를 짚은 할아버지로 신격이 변한 거예요.

이 밖에도 지리산 마고할미라든지, 제주 선문대할망 같은 이야기에서도 가모장과 여성 지신의 흔적을 찾아볼 수 있습니다. 그래서 예전에는 농경이나 건축을 위해 땅을 파헤치는 것도 어머니를 해치는 불경 행위로 인식했습니다. 어쨌든 철기 시대가 도래하면서 여신들은 서서히 남신으로 바뀝니다.

불-집의 영혼이자 눈동자

오늘날 우리가 사는 집의 형태는 대부분 사각형입니다. 과거에는 어땠을까요?

원시 시대의 집터는 동그랗죠. 가운데에 불을 때서 사람들이 옹기종기 둘러앉아서 그날 잡아 온 사냥감을 구워 먹습니다. 당시 집에서 가장 중요한 설비는 불이었어요. 자, 다시 신화의 세계로 돌아가 보죠. 아까 신이 세상을 창조하고 흙으로 인간을 만들었다고 했죠. 성경에 보면 그런 다음 하나님이 숨결을 불어넣었다고 합니다. 생명을 준 거죠. 그런데 여기서 '신의 숨결'이라는 것을 어떻게 보아야 할까요. 바로 '불'입니다. 그래서 원시 인류는 집 한가운데에 불을 피웁니다.

불이 없는 집은 집이 아니에요. 집처럼 생겼다고 모두 집이 될 수 있는 건 아닙니다. 아파트 모델 하우스 본 적 있죠? 멋지게 지어졌지만 집이라고 할 수 없습니다. 불이 들어오지 않아요. 물도 나오지 않습니다. 모델 하우스는 지어질 집과 같은 크기로 지어진 거예요. 건축물 모형이 100분의 1이라면 모델 하우스는 1:1 모형이라고 할 수 있는 거죠. 그런데 만약 이 모델 하우스에 가스를 연결해서 불을 쓸 수 있게 하고 물을 댄다면 어떻게 될까요. 얘기가 달라집니다. 사람이 살 수 있어요. 그 순간 모델 하우스는 '집'이 됩니다. 물도 그렇습니다만 특히 '불'은 집의 영혼이자 집의 눈동자라고 할 수 있습니다. "화룡점정"이라고 하듯이 집에 불이 있어야 비로소 그 집에 생명의 기운 즉, 생기가 도는 것이죠. 영어에서 화롯가, 화로를 뜻하는 'hearth'의 어원은 심장을 뜻하는 'heart'와 같습니다.

집에서 불을 쓰는 곳이 어딥니까? 네, 바로 부엌입니다. 최초의 집에는 단 하나의 부엌만이 있었습니다. 부엌이 집안에서 제일 중요한 공간이에요. 그래서 부엌에 불을 지피는 신은 그 집을 지키는, 그 가정의

남성화된 조왕

평화를 담당하는 신과 동일시됩니다. 이는 모든 문화권에서 공통으로 볼 수 있습니다. 불의 신은 세계 모든 가신家神 신앙에서 공통으로 나타납니다. 집안의 평화를 담당하는 가장 중요한 신이에요. 그리스 신화에 나오는 헤스티아 신이 그렇습니다. 우리나라에서는 조왕신이 여기에 해당해요. 지금도 시골 부엌에 가면 부뚜막에다가 정화수 떠 놓고 조왕신을 모시는 풍습이 남아 있어요. 그런데 이 조왕신 역시 원래는 여신이었습니다. 집안의 평안을 담당하는 여신이었다가 철기 시대 이후 비천한 부엌데기 신으로 신직이 하락해요.

우리가 조왕신 하면 그냥 부뚜막을 지키는 단순한 부엌의 신 정도로 알고 있지만, 원래는 집안 가정 전체의 평안을 담당하는 가정의 신이었어요. 궁궐이나 사찰 같은 데서는 조왕신이 남자가 됩니다. 조

왕대감이라고 불리는 신입니다. 같은 조왕인데 집에 있는 불을 지키는 조왕은 여자 할머니로 형상화되고, 사찰이나 궁궐 같은 데서는 조왕대감이라고 하는, 수염 나고 칼을 찬 장군의 모습으로 그려진 겁니다. 왜 이렇게 바뀌었을까요? 한번 생각해 봅시다.

사찰과 궁궐 부엌의 특징은 무엇일까요? 사찰에서는 밥을 누가 지을까요. 남자들입니다. 궁궐도 그래요. 두 군데 모두 남자들이 부엌에서 밥을 지어요. 여러분 〈대장금〉이라는 TV 드라마 보셨죠. 거기서는 여자들이 궁궐에서 밥을 짓는 걸로 나옵니다만 이는 사실과 다릅니다. 실제로 궁궐에서 밥 짓는 일은 여성이 아니라 남성의 몫이었어요. 몇 년 전 대장금 드라마가 워낙 유명해지고 나니까, 중국과 일본의 역사학자들이 질문을 했다고 합니다, 정말 조선에서는 여성이 그렇게 궁중의 주방일을 담당했느냐고요. 일본과 중국에서는 전혀 유래가 없는 일이라 하면서 말이죠. 그래서 그게 아니라고 한국의 사학자들이 해명했다는 이야기를 들었습니다. 가정의 부엌에서는 어머니가, 주부들이 짓는데 사찰이나 궁궐 같은 대형 부엌에서는 남자들이 지어요. 마치 요즘 호텔 같은 대형 조리장 주방장들이 남자이듯이 말이에요. 사정이 이렇다 보니 당연히 신격이 남자로 바뀌는 거예요.

특히 궁궐 같은 곳은 노동 강도가 셌죠. 수백 인분의 밥을 지어야 했으니까요. 그런데 일제 강점기에 들어서면서 궁궐을 축소합니다. 그 과정에서 궁궐 부엌에서 일하던 남자들이 쫓겨나요. 궁 안에 남자들이 많으면 불안 요인이 될 수 있잖아요. 내시 몇 명만 남기고 다 쫓아냅니다. 그래서 할 수 없이 왕비나 후궁의 시중을 들던 궁녀들이 대신 주방 일을 하게 된 것뿐이지요, 원래는 남성의 몫이었습니다.

한반도 집의 역사

　　그럼 마지막으로 우리나라 집의 역사를 간략하게 말씀드려 볼게요.
　　한반도에는 언제부터 사람이 살기 시작했을까요, 현재 우리나라에
남아 있는 가장 오래된 주거 유적은 지금으로부터 7,000년 전, 그러
니까 기원전 50세기 무렵 신석기 시대 움집이에요. 서울 강동구 암사
동에 있는 선사 시대 주거 유적지가 그렇습니다. 땅을 50~60센티미
터 정도 파서 바닥을 다지고 그 위에 지붕틀을 얹고 거적을 덮어요.
여름에 시원하고 겨울에 따듯하다는 장점이 있어요. 예전에는 집안

신석기 시대의 움집

에서 불을 피우기가 어려워서 난방이 가장 중요했거든요. 실험에 의하면 이러한 반지하 움집은 한겨울에도 실내 온도가 영하로 내려가지 않는다고 해요. 이렇게 겨울에도 따뜻한 집에서 빗살무늬 토기를 만들어 음식, 특히 곡식을 저장하고 살았어요, 이때부터 농경을 시작했거든요. 이러한 형태가 청동기 시대까지 계속되었을 거예요, 그러니 단군 할아버지와 웅녀 할머니도 아마 이런 집에서 살았겠지요. 북쪽이니까 겨울 대비가 중요했을 거예요.

철기 시대에 이르면 땅을 파지 않고 집을 짓습니다. 또한 벽체와 지붕이 분리되면서, 오늘날 우리에게 친숙한 '집 모양'이 나옵니다. 더 이상 어둡고 습기 찬 지하 움집에서 살지 않게 된 거죠. 부여와 고구려, 가야와 신라 등이 철기 시대 국가들인데, 이 중 추운 나라인 부여와 고구려에서 맨 처음 온돌을 발명했습니다. 학계에 의하면 현존하는 가장 오래된 온돌 유적은 알래스카 지역에서 발견되었어요. 때문에 온돌이 알래스카, 시베리아를 거쳐 부여와 고구려에 전파된 것으로 보고 있습니다.

한편 남쪽 나라인 가야와 신라에서는 마루가 발달했어요. 무덥고 습한 기후적 특성 때문입니다. 요즘의 원두막이나 정자와 비슷한 형태였어요. 바닥이 뚫려 있어서 바람이 시원하게 통했지요. 김해와 경주 등지에 가 보면 가야와 신라 시대의 마루 집들을 볼 수 있습니다. 한반도의 문화는 크게 남방 문화와 북방 문화로 나뉘는데, 주거 건축 역시 북방의 온돌 문화와 남방의 마루 문화로 특징지어집니다.

그런데 백제는 고구려의 유민들이 남하하여 세운 나라입니다. 이

때 북방의 온돌 문화도 함께 내려와요. 그래서 현재의 경기도, 충청도 지방에도 온돌이 등장하게 됩니다. 삼국 중에서 가장 뛰어난 건축 문화를 지녔던 백제가 온돌이라는 독특한 난방 방식을 남쪽으로 전파하는 역할을 한 것입니다.

이리하여 고려 시대가 되면 남방의 마루와 북방의 온돌이, 한 지붕 아래 공존하기 시작합니다. 우리나라 주거 문화의 가장 독창적인 점은 마루와 온돌이라는 서로 다른 요소가 유기적으로 결합하여 있다는 것이에요. 이게 고려 시대에 이루어져요.

우리가 전통 건축이라 하면 신라 시대의 사찰이나 조선 시대의 궁궐 등을 주로 다루지만 고려 시대 역시 아주 중요한 시기라고 할 수 있어요. 초가삼간, 다시 말해 온돌과 마루, 부엌이라는 세 가지 요소가 한데 결합하는 시기입니다. 지금 남아 있는 고려 시대 주거 건축은 충남 아산의 맹씨 행단이라는 집이에요. 고려 말 충신이었던 최영 장군의 손녀사위였던 맹사성의 집입니다.

조선 시대에 이르러서 우리의 전통 가옥은 더욱 발전하고 분화합니다. 집이 단순히 추위와 더위를 막는 수단에서 벗어나 윤리적 규범과 철학적 사유를 표현하는 수단이 되지요. 조선 시대는 유교를 생활 원리로 삼았죠. 삼강오륜이 대표적입니다. '남녀칠세부동석'이라는 것도 있죠. 다시 말해 남녀는 자리를 따로 해야 하고, 아버지와 아들이 친애親愛해야 하고(마찬가지로 어머니와 딸, 시어머니와 며느리가 또한 친애해야 하겠지요), 또한 어른과 아랫사람이 구별이 있어야 한다는 말입니다. 이러한 원리들은 조선 시대 집의 형태에 고스란히 반영되어 있어요. 조선 시대 사대부가에서 안채와 사랑채가 구분된 것을 보세요, '남녀칠세부동석' 하고 또한 '부자유친' 하려고 아버지와 아들은 사랑채에서, 어머니와 딸, 며느리는 안채에 함께 지내게 되어 있지요, '장유유서'를 지키도록 사랑채 안에서도 아버지는 큰사랑에서 아들은 작은사랑에서, 어머니는 안방에서 딸과 며느리는 건넌방에서 지내게 되어 있어요. 이런 집에서 살다 보면 정말 날마다 삼강오륜을 지키게 되겠지요.

서울의 사대부가가 이렇게 발달하는 한편, 지방에서는 각 민가가 지방의 특색을 살리면서 발달합니다. 함경도 집, 평안도 집, 강원도 집, 경상도 집, 전라도 집, 제주도 집이 각각 지역적 특성에 맞게 분화·발달하게 된 것이 조선 중기 이후예요. 한국민속촌에 가면 사대부가 외에도 제주도 민가, 함경도 민가 등 여러 지방의 집들이 전시되어 있습니다. 울릉도 집, 본 적 있어요? 민속촌에 가면 볼 수 있습니다.

조선 후기가 되면 대동법의 시행과 함께 상업이 발달하면서 한양에 상가 한옥이나 2층 한옥이 생깁니다. 대략 18세기, 19세기 무렵의 일인데, 이런 새로운 흐름은 불행하게도 19세기 말 외세의 침입과 함께 외국의 주거 문화가 들어오면서 급격히 사라집니다. 안타깝게도 그 기간이 너무 짧아 오늘날까지 남아 있는 유적이 없어요.

1876년 개항이 시작되면서 원산, 부산, 인천 등 항구 도시를 중심으로 이른바 양관, 양옥이라는 외국의 집들이 몰려오게 됩니다. 세련된 외관에 위생적인 생활 등, 당시에는 선망의 대상이었고요. 일반 서민들은 그런 양식 주택들의 몇 가지 요소를 가져와 전통 한옥을 변화, 발전시키게 되는데, 이것이 바로 개량 한옥입니다. 지금도 가회동에 가면 많이 볼 수 있지요.

이후 일제 강점기와 6 · 25전쟁 등 굴곡 많은 근 · 현대사를 거칩니다. 이 과정에서 우리나라의 주택도 많이 발전했고요. 앞으로 우리의 주거 문화가 어떻게 변화 · 발전해 갈지, 이제 그것은 온전히 여러분의 몫이라 생각합니다. 그럼 이상으로 강의를 마치겠습니다.

집의 설계 – 기둥을 잘못 그리면 집이 무너진다

청소년　선생님은 어떻게 해서 건축가가 되셨어요?

서윤영　저는 중학교 2학년 때 처음으로 건축가가 되겠다고 생각했어요. 가정 수업 시간에 잠깐 건축에 대해 배워요. 그런데 선생님이 숙제를 내 주셨어요. 20년 후를 상상해서, 결혼하고 가족을 꾸렸을 때 살고 싶은 집을 모눈종이 위에 그려 오라는 내용이었습니다.

그전까지는 건축에 대한 관심이 없었어요. 대충 그려서 냈는데, 그날 선생님이 "이제 스케일이 뭔지 알겠니?" 하시는 거예요. 여러분, 축적 개념 아시죠? 100분의 1, 200분의 1 하잖아요. 그게 바로 스케일입니다. 저는 그때 100분의 1로 축소한 스케일로 그려갔어요. 그런데 그림을 보더니 이러시더라고요. "설계도를 잘못 그리면 집이 무너질 수도 있다. 1밀리미터를 잘못 그으면 그 100배인 10센티미터가 달라지는 것이다. 실제 집을 지을 때 그런 일이 생기면 큰일 난다." 저는 지금도 선생님의 그 말씀이 잊혀지지가 않아요.

대학에서 건축 설계를 하면 보통 스케일이 200분의 1, 300분의 1입니다. 심지어 1,000분의 1일 때도 있어요. 이때 1밀리미터면 얼마예요. 1미터입니다. 기둥이 제 위치에서 1미터 떨어져서 지어지면 그 집은 단박에 무너집니다.

마찬가지로 오늘 제가 드린 말씀에 책임감을 느낍니다. 혹시라도 틀린 것이 있다면 여러분이 어쩌면 평생 잘못 알고 갈 수도 있다는 생각이 들어서 조심스러워요. 오늘 제가 했던 말이 여러분한테 어떤 스케일로 받아들여졌을지도 궁금합니다. 각자가 다 좋은 스케일로 남기를 바랍니다.

나를 닮은 집을 꿈꾸다

노은주

가온건축 소장

집과 관련하여 자기의 모습도 함께 그려 보았으면 해요.

20년 뒤 나는 어떤 사람이 되어 있을까?

가정주부나 회사원, 아니면 대기업 사장이나 예술가, 여행가 같은 걸 말이죠.

그러면 내가 살 집에 어떤 공간이 들어서야 하는지 좀 더 구체적으로 떠올릴 수 있을 거예요.

노은주

1998년부터 가온건축을 운영하고 있다. 사회와 소통하고 교류하는 건축에 관심이 많아 서울문화 포럼 강연 등 다양한 건축 관련 문화 프로그램에 참여하고 있다. 건축 이야기 책으로『작은 집 큰 생각』(공저),『나무처럼 자라는 집』(공저),『이야기로 집을 짓다』(공저),『집주인과 건축가의 행복한 만남』(공저)을 펴냈다.

나를 닮은 집을 꿈꾸다

여러분, 반갑습니다.

저는 강의실에서 이렇게 여러분과 함께하는 게 낯설지 않습니다만, 여러분은 어떠세요. 건축가라는 직업을 가진 사람과 자주 만나세요? 아마도 그렇지 않을 겁니다. 우리는 모두 집이라는 건축물에 살고 있지만 그걸 지은 사람은 만날 일이 거의 없죠. 특히 학생들은 더욱 그렇습니다. 모쪼록 즐거운 시간을 함께 보냈으면 합니다. 참고로 오늘은 이전 강의와 달리, 집에 대해 듣는 게 아닌 집을 직접 만들어 보는 시간이 될 것입니다.

여러분, 제가 미리 내 드린 숙제 가져오셨나요? 여러분이 앞으로 살게 될 집을 그려 오라고 말씀드렸죠? 모눈종이에 그려도 좋고, 스케치북에 그려도 좋아요. 특별한 형식 없이 자유롭게 그려 오면 된다고 사전에 공지를 드렸어요. 얼핏 보니 전문가 수준으로 작업해 오신 분도 있던데요, 개중에는 아직 머릿속에 그리지 못한 분도 계실 거예요.

살고 싶은 집 그리기―땅과 사람과 집의 꿈

오늘 강의는 여러분이 생각하는 집에 대한 이야기를 먼저 듣고 시작하겠습니다. 긴장하지 마시고 그저 자기소개하듯이 하시면 돼요. 나는 누구인데, 앞으로 이런 집에서 살고 싶다, 그 이유는 이렇다, 하는 식으로 말이죠. 그러다 보면 자기 미래상이 생기겠죠? 이를테면 나는 5년 후 또는 10년, 20년 후에 어떤 일을 하고 있을 거다 하는 그런 생각 없이는 집을 계획할 수가 없거든요. 집이라는 건, 결국 그 집에 사는 사람이 어떤 사람이냐에 따라서 모습이 달라지기 때문이에요.

이렇게 집에 대한 자기소개가 끝나면 구체적으로 집에 대한 구상을 해 보겠습니다.

저는 설계를 할 때 어린 왕자가 밤하늘의 별을 바라보듯이 사람들이 조용히 앉아서 별을 바라볼 수 있는 그런 공간을 늘 떠올립니다. 건축가마다 선호하는 집의 이미지가 있어요. 그게 먼 하늘이 될 수도 있고 눈앞의 어떤 자연이 될 수도 있어요. 그렇다면 우리가 보통 '집'이라고 했을 때 떠오르는 이미지는 어떤 게 있을까요? 대표적으로 두 가지가 있죠. 그중 하나가 바로 '아파트'입니다. 혹시 사는 곳이 아파트가 아닌 분 계세요? 예전에는 단독 주택에 사시는 분들이 꽤 많았는데 요즘은 아파트가 대세입니다. 도시화가 진행되면서 좁은 땅에 많은 사람이 살고자 공동 주택을 많이 지었죠. 처음에는 대여섯 가구가 모여 사는 연립 주택을 짓다가 이제는 몇백, 몇천 세대

가 모여 사는 아파트촌으로 우리의 주거 형태가 바뀐 거예요. 잠깐, 우리가 집 하면 떠올리는 대표적인 이미지를 보실까요?

〈사진1〉은 최근 유네스코 세계 문화유산으로 지정된 경주 양동마을에 있는 '향단'이라는 집입니다.

이런 한옥을 보면 실제로 사람이 사는 집 같지가 않죠. 마치 박물관 같아요. 역사적인 기억으로만 남은 집 말입니다. 그런데 양동마을은 특이하게도 박제된 마을이 아니라 실제로 사람들이 살고 있어요. 사람이 살다 보니까 몇백 년 된 집인데도 관리가 잘 되어 있죠. 전통적인 집의 이미지를 잘 보여 줍니다.

〈사진2〉는 미국 피츠버그에 있는 낙수장Falling Water이라는 집입니다. 20세기 초에 유명한 건축가인 프랭크 로이드 라이트라는 사람이 지었어요. 이 집은 이렇게 자연 속에, 물 위에 지은 집이거든요. 지

미국 피츠버그 낙수장_사진2

금은 문화재가 돼서 수많은 사람이 구경을 옵니다. 요즘 우리가 꿈꾸는 '전원주택'의 이미지가 고스란히 담겨 있죠. '전원 속의 내 집'을 꿈꾸는 사람들이 집 설계를 할 때 이런 느낌의 집을 많이들 생각하시는 것 같아요.

집의 이미지는 현실에서뿐만 아니라 만화 영화 같은 다양한 매체에서도 나타납니다. 〈사진3〉은 제가 개인적으로 제일 좋아하는 집인데요. 만화 영화 〈하울의 움직이는 성〉 중 한 장면입니다. 이왕이면 집이 이렇게 움직이기도 하고, 날아다니기도 하고, 문만 열면 다른 세상이 나올 수도 있었으면 좋겠어요. 물론 현실에서는 불가능하죠. 일단 본인이 마법사가 되어야 해요. (웃음) 이렇듯 인간의 상상력은 집이라는 건축물을 통해서도 다양하게 드러납니다.

자, 그럼 이제 여기 모이신 분들이 꿈꾸는 집, 살고 싶은 집에 대해 이야기해 보죠. 준비된 친구부터 이야기할까요?

청소년 1　제가 꿈꾸는 집은 '재미있는 집' 입니다. 평범한 구조가 아니라, 숨겨진 공간도 있어서 애들끼리 숨바꼭질할 수 있는 그런 집이에요.

청소년 2　저는 시골에다 3층 집을 지어서 살고 싶어요. 계단이 있는 아담한 집이요.

청소년 3　한옥에서 살고 싶어요. 여름휴가 때 도산서원에 가 봤는데 아주 좋았어요.

청소년 4   저는 동그란 흙집을 생각해 봤어요.

청소년 5   저는 한 건물에 방이 여러 개여서 음악실이나 서재가 있고 정원이 갖춰진 집을 짓고 싶어요.

노은주   예, 많은 이야기가 나왔네요. 더불어서 집과 관련하여 자기의 모습도 함께 그려 보았으면 해요. 20년 뒤 나는 어떤 사람이 되어 있을까? 가정주부나 회사원, 아니면 대기업 사장이나 예술가, 여행가 같은 걸 말이죠. 그러면 내가 살 집에 어떤 공간이 들어서야 하는지 좀 더 구체적으로 떠올릴 수 있을 거예요.

청소년 6   저는 NGO 활동가가 꿈이에요. 만약 그 꿈이 이루어진다면, 집은 별로 중요하지 않겠죠. 이리저리 돌아다녀야 할 테니까요. 다만 제가 나이가 들었을 때 살 곳은 마당이 있는 단층집이었으면 좋겠어요. 게스트하우스처럼 여행자가 하룻밤 자고 가거나 친구들이 놀러 올 수 있는 집이요.

청소년 7   저는 방이 많은 소통하는 집을 짓고 싶어요. 손님방도 있어서 한쪽은 게스트하우스로 쓰고 손님들과 소통하면서 부모님도 같이 모시고 살고 싶어요.

청소년 8   저는 아파트보다는 낮은 집들이 좋아요. 앞으로는 그렇게 큰 집이 필요 없을 것 같아요. 대신 마당이 넓은 집에서 살고 싶어요. 주변 환경과도 어울리는 자연 친화적인 집이면서 창문도 많이 달아서 바깥 풍경을 잘 볼 수 있는 집을 짓고 싶어요.

청소년 9 언니가 미술을 전공해서 화실이 있는 집을 짓고 싶어요. 그리고 아빠가 사용하는 서재도 있어야 할 것 같아요. 엄마가 클래식을 좋아하세요. 그래서 음악을 듣는 방도 따로 있는 집을 짓고 싶어요. 마당이 있어서 개도 키울 수 있었으면 해요.

청소년 10 저는 같이 살기로 약속을 한 친구가 있어요. 결혼하기 전까지 그 친구랑 같이 살려고 해요. 도시 근교에 한옥이나 개량 한옥을 짓고 싶어요. 대신 사각형 형태 말고 둥글거나 현대적인 형태를 가미해서 새롭게 짓고 싶어요.

청소년 11 저는요. 아들 둘하고, 딸 하나, 애들 두세 명 낳고, 엄마, 아빠 모시고 같이 살고 싶어요. 햇볕이 잘 들어오는 방향에 베란다를 내서 책도 읽고 커피도 마실 수 있는 카페처럼 된 집을 짓고 싶어요.

청소년 12 저는 한옥에 서양식 구조가 섞인 집에서 살고 싶어요. 제가 고양이를 좋아하는데 고양이가 자주 드나드는 습성이 있잖아요. 사람이 드나들 통로도 많을수록 좋을 것 같아요.

노은주   한옥을 좋아하는 친구들이 많군요. 최근에는 건축하는 분들이 전통적인 한옥 형태에 콘크리트나 철 같은 현대식 재료를 사용해서 짓는 경우가 있습니다. 한옥 구조를 그대로 지으려면 기술자와 자재를 구하기가 어렵기 때문에 공사비가 굉장히 많이 들어요. 그래서 저를 비롯한 많은 건축가가 우리 전통의 공간도 살리면서 현대적인 생활에 어울리는 적정한 구조의 건물을 적정한 비용으로 지을 수 있는 방법을 고민 중입니다.

청소년 13 다락방이 있었으면 해요.

청소년 14 저는 돌아다니는 직업을 가질 건데요. 그래서 집은 간단히 꾸며서 살고 싶어요.

노은주   지금 우리가 사는 집들은 대부분 규격화된 건물입니다. 옷으로 치면 기성복 같은 거죠. 예전엔 달랐습니다. 내 몸에 맞는 옷을 지어서 입었죠. 한복도 그렇고 양복도 그렇습니다. 그런데 요즘은 옷 가게에 가서 얼추 비슷한 치수에 맞춰 입잖아요. 그러다 보면 정확히 내 몸에 맞지 않는 경우가 많습니다. 사람 몸이 다 다르잖아요. 한쪽 팔이 짧을 수도 있고, 55 사이즈와 44 사이즈 중간일 수도 있지만 그런 옷은 없거든요. 집도 마찬가지입니다. 자기가 살고 싶은 집을 생각해 보라고 하면 이미 지어진 집, 아파트 구조에서 벗어나질 못해요. 우리가 그냥 떠오르는 대로 생각해 보면 좀 더 재미있을 거 같아요.

청소년 15 제가 사는 곳이 아파트거든요. 그런데 아파트는 구조가 너무 딱딱한 것 같더라고요. 그래서 벌집처럼 육각형 구조의 아파트를 생각해 보았습니다. 가운데에 거실이 있고 구석에는 각각 서재 같은 공간으로 꾸미고 외부로 이어지는 통로를 거실과 연결해서 바닷가로 이어지게 짓고 싶어요.

노은주 예, 많은 분의 이야기 잘 들었습니다. 장소와 형태는 다양하지만 모두 행복하고 편안한 집을 꿈꾸고 있네요. 지금까지 우리가 원하는 집의 형태를 자기 미래와 연관 지어 생각해 보았습니다.

그런데 여기에 더해 우리는 집을 생각할 때 앞으로 사회가 어떻게 변화할 것인가도 따져 봐야 해요. 예컨대 앞으로 도시화는 더 심화할 겁니다. 사람들이 더 많이 도시로 모일 테니까요. 물론 그 반대일 수도 있죠. 인터넷이 발달해서 꼭 직장으로 출퇴근하지 않아도 된다면, 굳이 서울 같은 대도시에 살 필요가 없습니다. 땅값도 싸고 환경도 좋은 곳에 집을 짓고 거기서 일할 수 있다면, 오히려 사람들이 도시를 빠져나가는 현상이 생길 수도 있어요.

그리고 앞서도 이야기했지만 20년 뒤에 나는 무슨 일을 할 것인가, 나는 어떤 모습일 것인가를 생각해 보아야 해요. 또 누구랑 살 것인가, 혼자 살 것인가, 아니면 가족과 함께 살 것인가, 한 곳에 정착할 것인가, 외국을 돌아다닐 것인가에 따라 집의 모양도 달라질 수 있습니다.

　미래에는 한곳에 정착해서 사는 사람보다 이곳저곳 돌아다니면서 생활하는 사람이 많아질 수도 있습니다. 여기서 잠깐 머물고, 다른 곳으로 가야 할 수도 있죠. 그렇다면 4인 가족 기준으로 지어지고 있는 평균적인 집들이 미래에는 수요가 줄어들지도 몰라요. 우리가 지금 가진 집의 이미지가 과연 20년, 30년 뒤에도 그대로 유지될 것인가에 대해서 같이 생각하면 지금 이 수업이 의미가 있을 것 같아요.

집은 어떻게 만들어질까?–금산주택 이야기

　지금까지 여러분이 살고 싶은 집을 우리의 미래상과 함께 생각해보았습니다. 그럼 이제부터는 제가 건축가로서 집을 어떻게 설계하는지에 대한 이야기를 하겠습니다. 제 애기가 본격적으로 시작되는 거죠. (웃음)

　〈사진4〉는 충남 금산에 있는 금산주택입니다.

　자랑 같지만 2011년 공간디자인 대상을, 2012년에는 건축가협회 특별상인 아천상을 받았습니다. 금산에 있는 한 대안 학교에 계신 분이 학교 근처에 생긴 마을에 땅을 마련해서 저희에게 설계를 의뢰하셨습니다. 집이라기엔 너무 작아 보이고, 목장 같다는 사람도 있지요. 참고로 주위에 보이는 것이 진악산이라고, 충청남도에서 네 번째로 큰 산입니다. 현장에 가서 풍경을 보고는 마루에 앉아서 하늘을

충남 금산 금산주택_사진4

금산주택 마루_사진5

금산주택 사랑방_사진6

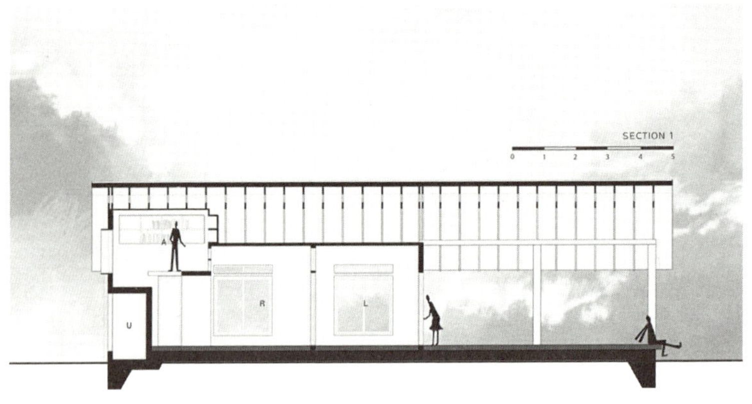

금산주택 단면도_사진7

올려다보고 건너편 산을 바라보는 상상을 하면서 집을 설계했어요.
〈사진5〉를 보면 한옥의 문을 달았지만 한옥은 아니에요. 서까래나

기둥을 보면 한옥의 느낌이 많지만 내부 구조는 서양식 목조 주택입니다. 사랑방과 안방 등에서 마루를 내다보는 구조예요.

방과 방 사이는 전통 한옥 문을 달았습니다. 열어서 벽 쪽으로 붙일 수 있는 접이식 문입니다. 문을 전부 다 열면 모두 연결이 되어서 방 전체를 하나로 쓸 수도 있죠. 문을 다 닫으면 공간이 나뉩니다. 한옥의 공간은 마치 동영상처럼 흐름을 담을 수 있다는 생각으로 지은 집이에요.

단면도(사진7)를 보면 재미있습니다. 요즘은 보일러가 작아지는 추세예요. 그래서 보일러실 높이를 낮추고, 그 위에 다락방을 만들었습니다. 올라갈 때는 그냥 사다리를 이용합니다.

〈사진8〉은 방 안에서 본 모습입니다. 집주인인 남편분은 대안 학교 선생님이고 부인은 어린이들과 동화책을 좋아하는 분이었어요. 그래서 다락방을 꼭 넣어 드리고 싶었습니다. 걸터앉아서 책을 볼 수 있는 그런 공간입니다.

그리고 사랑방(사진6)을 보면 중간에 나무로 된 덧문이 또 있어요. 유리문이 있으면 시각적으로 너무 열려 있어서 자칫 새나 짐승들이 들어

금산주택 안방_사진8

금산주택 마루에서 본 풍경_사진9

올 수 있고, 또 문이 닫혀 있으면 심리적인 안정감도 줄 수 있기 때문
에 만든 겁니다. 덧문까지 닫으면 안에서는 빛이 들어오지 않아 답답
할 수 있으니까 문 위에 창을 달았어요.

그리고 외벽에 쓰인 목재는 브라질산 나무인데, 배를 만들 때 쓰일
만큼 강도가 좋습니다. 비싼 만큼 기능이 좋습니다. 일본의 요코하마
여객 터미널의 마루에도 쓰인 이뻬IPE라는 나무입니다.

이번엔 마루에서 본 〈사진9〉를 볼까요?

금산주택은 집이 13평인데, 마루가 8평이에요. 마루가 이렇게 넓
어진 건 집주인이 선생님이니까 회의도 할 수 있고 여러 명이 모여서
이야기도 나눌 수 있는 공간이 필요하다고 생각했기 때문입니다. 꼭
그런 경우가 아니더라도 이 집의 마루는 누구든 지나가다가 쉬어 갈

금산주택 야외 목욕장_사진10

수 있는 그런 개념이었습니다. 말하자면 우리네 사랑방 같은 거죠.

〈사진10〉은 화제가 된 목욕장이에요. 봄에서 가을까지 쓸 수가 있어요. 이걸 만든 이유는 야외 활동이 많다는 점을 고려했기 때문입니다. 밭일도 하고 산에도 다녀오고 하다 보면 온몸에 흙먼지가 묻고 하잖아요. 그럴 때 보통 밖에 수돗가를 만들어서 거기서 씻죠. 저는 그 공간에 벽만 세운 거예요. 굳이 벽을 세운 건 남자들은 수돗가에서 등목을 할 수 있는데, 여자는 그렇게 하지 못하잖아요. 사모님을 위해서 벽을 쳐 드렸어요. 창문이 있어 안에서 밖을 볼 수도 있어요.

그럼 집을 만드는 도면들에 대해서 살펴볼게요. 〈사진11〉은 위에서 내려다본 평면도입니다.

여러분이 제일 익숙한 것이 평면도지요? 엄마들이 아파트 분양한

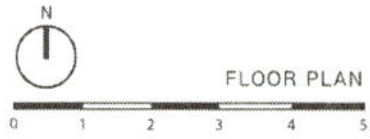

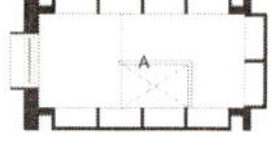

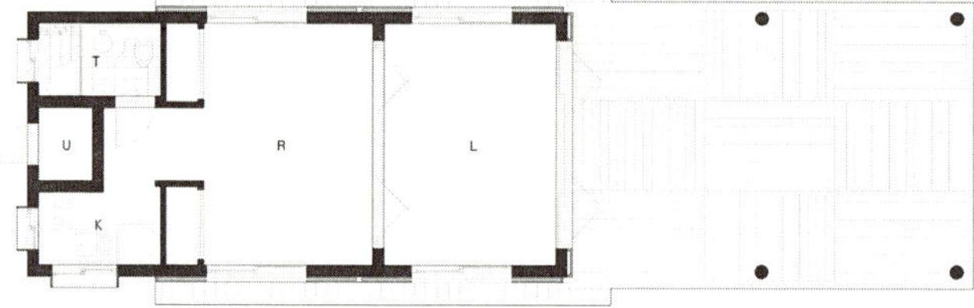

금산주택 평면도_사진11

다고 그러면 받아오시는 설명서에는 평면도가 들어가 있죠. 평면도는 건물을 어떻게 앉히겠다는 계획의 가장 기본이 되는 거예요. 공간을 바닥에서부터 한 1.2미터 높이에서 썰었다고 생각하는 거예요. 기둥도 썰고, 문도 썰고, 벽도 썰고, 이렇게 썬 모습을 위에서 내려다보는 거예요. 영어로는 'plan'이라고 그래요.

〈사진12〉는 입면도elevation인데요. 문밖에서 건물을 보는 거죠. 입면도는 집의 얼굴도 결정하고, 어떤 재료로 할 건가, 유리로 할 건가, 돌로 할 건가, 나무로 할 건가, 이런 거를 결정할 때 그리는 거예요.

〈사진13〉은 단면도section라고 하는데요. 케이크를 썰듯이 단면을 보여주는 거예요. 케이크 안에 빵이랑 크림이 들어 있는 모습이 다 드러나듯이 이런 모습이 되는 거죠. 이런 도면들을 통해서 집들이 만

금산주택 입면도_사진12

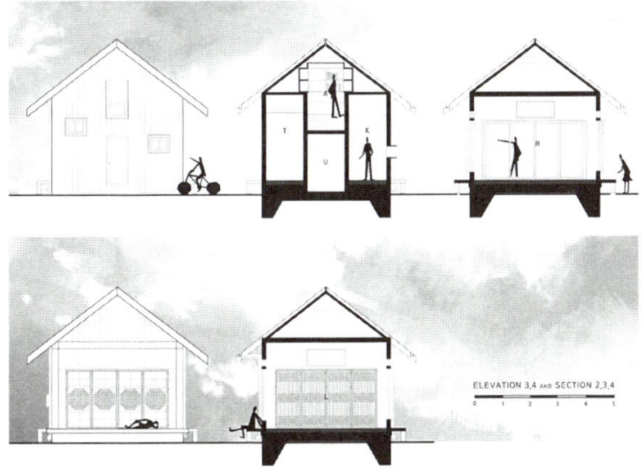

금산주택 단면도_사진13

들어집니다.

　건축가가 그리는 도면에 들어가는 기호는 세계 공통이에요. 문은 이렇게 그리고, 벽은 어떻게 표현하고 하는 것이 다 똑같죠. 건축가와 건축주, 시공자와의 약속이에요. 이런 약속이 없는 상태에서 나는 "아"라고 그랬는데 시공자는 "어"라고 들으면 집이 이상하게 지어질 것 아니에요? 말로 길게 얘기하는 것보다 정확한 도면으로 전하는 게 편하니까 도면들을 그리는 거죠.

그리고 집을 지을 때 건축가들이 마음대로 아무에게나 가서, "이리 와 보세요. 내가 집 좀 지어 드릴게요." 하지는 않아요. 집을 짓고 싶은 분이 건축가를 찾아와서 "집을 짓고 싶은데, 같이 가서 땅을 보고 집 지을 계획을 세워 봅시다." 이러면 의견을 나누고 도면을 그리게 되죠. 저는 일단 집 지을 땅 주변의 풍경을 유심히 보고 스케치를 많이 해 봅니다.

금산주택 주변에 형성된 마을 주변에는 목조 주택들이 있고 마을 입구에는 학생들이 만들어 놓은 그네나 벤치 같은 것이 있었습니다. 처음 이 터를 찾았을 때 〈사진14〉처럼 이런 풍경들을 스케치했어요.

산과 땅, 길 등을 마음에 담으며 사진도 수백 장씩 찍었습니다. 거

도산서당_사진15

기에 앉아서 설계할 수는 없잖아요. 찍은 사진을 사무실에서 보고 되새김질을 해 보는 거죠. 건축은 아무것도 없는 빈 땅에서 새로운 건물을 짓는 일이기 때문에 처음에 머릿속에 이미지를 만드는 게 중요해요. 무에서 유를 창조하는 일이니까요.

저는 금산주택 주변의 풍경과 어울리는 집은 어떤 것일까를 생각하다가 도산서당을 떠올렸습니다. 누구나 한 번쯤 보았을 집입니다. 2007년 디자인이 새롭게 바뀌기 전까지는 1,000원짜리 지폐 속에 그려져 있었으니까요. 개인적으로 제가 굉장히 좋아하는 집이에요.

도산서당은 이황 선생께서 직접 설계에 참여하신 건물입니다. 도산서당(사진15)을 보면 왼쪽부터 부엌방이 있고 서가가 있고, 본인이

기거하는 방이 있고 학생들을 가르치는 '서당' 개념의 마루가 있습니다. 학생들이 많아지자 마루도 더 넓게 증축합니다. 제가 이 집을 모델로 한 것은 건축주와 이황 선생의 이미지와 나이, 요구 사항이 무척 비슷하다고 느꼈기 때문입니다.

이미지와 모델이 떠오르자 구체화 작업에 들어갔습니다. 실제 공간을 구성해 보는 거죠. 모형을 만드는 겁니다. 평면도 위에 기둥을 세우고 보를 엮어서 구조를 입체적으로 형상화하는 거예요. 여기저기 문을 달아 보고 비례를 살피면서 팀원들과 의견을 나누었습니다. 문이나 책꽂이 형태처럼 세세한 것들까지 다 회의를 거쳤어요.

그러고 나서 기초 공사에 들어갔습니다. 무슨 일이든 기초가 튼튼해야 합니다. 콘크리트로 기초를 다지고 목재로 공간을 만들었습니다. 지붕을 얹고, 벽을 붙였어요. 다락방에 책꽂이를 짜고 마당에 데크를 설치했습니다.

여기까지가 금산주택을 짓기까지의 과정이에요. 집 지을 땅과 주변 환경을 보고 주인의 필요와 입장을 고려하고, 이미지를 떠올려서 스케치하고, 모형을 만들었죠. 그리고 기초 공사를 시작으로 집이 만들어진 겁니다. 건축의 과정에 대해 좀 더 이해가 되셨길 바랍니다.

집의 공간은 어떻게 만들어질까?

다음은 집의 공간에 대해 이야기해 보겠습니다. 일본의 유명한 건

기초 공사_사진16

골조 공사_사진17

벽 공사_사진18

지붕 골조 공사_사진19

축가인 니시자와 류에의 작품으로 '퍼즐 하우징'이라는 집이 있습니다. 우리가 보통 방이라고 생각하는 것들이 하나의 집으로 지어져 있습니다. 여기는 아빠 집, 엄마 집, 여기는 아들 집, 여기는 딸 집, 이런 개념인 겁니다. 그래서 어느 집에는 식탁만 있고, 어느 집에는 화장실만 있어요. 여러 사람이 사는 집인데 얼핏 보면 상자가 곳곳에 놓인 것 같습니다. 굉장히 독특한 아이디어로 지은 공동 주택입니다. 각기 다른 모양의 상자들이 모여서 집이 되는 거예요.

건축가의 아이디어가 현실화되려면 그곳에 살 사람들의 이해가 필요합니다. 보통 방들은 하나로 모아 놓고 넓은 마당을 꾸미잖아요.

그런데 이곳에 사는 사람들은 마당 대신 자기만의 공간을 갖게 되었죠. 마당에 골목길이 생긴 겁니다. 그래서 담이 없어요. 대신 상자마다 문이 있어요. 만약 우리나라에서 이런 건물을 지으면 안전을 걱정하는 목소리가 나올 겁니다. 도둑이 들지도 모르잖아요. 그러다 보면 결론은 아파트로 가는 겁니다. 새로운 아이디어를 받아들이는 데도 용기가 필요합니다.

공간과 관련해서 〈사진20〉인 '다이코그램'(건축가: 김헌)이라는 이름의 집을 살펴보겠습니다. 이 집 주인은 원래 아파트에 살았는데, 책이 많다 보니까 온 방이 서재가 되어 가는 거예요. 나중에는 본인이 활동할 방이 없어질 정도였다고 해요. 그래서 집을 새로 짓게 되면 꼭 책을 위한 공간을 따로 만들고 싶었다고 하셨죠. 그래서 2층 높이인 6미터짜리 서가가 만들어졌습니다. 문을 열고 들어오면 주방과 거실이 있고, 2층 침실은 서재와 다리로 연결됩니다. 말하자면 책을 위한 집인 거죠.

〈사진21〉은 TV 드라마 〈파리의 연인〉에 등장했던 집, 중암(건축가: 김개천)입니다. 멋지죠? 주인공이 거실에서 피아노를 치며 노래를 부르던 장면 기억하나요? 바로 그곳이에요. 정원을 한번 보실까요. 커다란 바위가 있습니다. 드러난 게 저 정도면 밑에 땅도 다 바위란 얘기예요. 이걸 부수지 않고 정원을 꾸미고 산책로를 냈습니다. 1층 현관을 통해 들어가면 거실이 있고, 부엌이 나옵니다. 주방하고 식당이 있어요. 중정(中庭, 집안의 건물과 건물 사이에 있는 마당) 중심으로 공간이 순환적으로 배치되어 있습니다. 그래서 들어가자마자 중정이 보

다이코그램(Dichogram)
_사진20

여요. 계단을 올라가면 2층 거실이 나옵니다. 침실과 드레스룸, 화장실을 지나가면 아이들 방, 손님들 방이 있습니다. 바위 때문에 실제 쓸 수 있는 땅은 반도 안 되었어요. 그래서 오랫동안 안 팔리던 땅인데 임자를 만난 거죠. 그 덕에 이런 멋진 집이 생겼습니다.

이런 멋진 집을 지으려면 여러분과 함께 사는 사람들과 뜻이 통해야 해요. 결혼을 하더라도 일단 배우자가 동의해야 하잖아요. 나는 20평이면 충분한데 배우자는 그보다 훨씬 큰 집을 원할 수도 있고 나는 도심에 살고 싶은데 배우자는 자연환경이 좋은 외곽을 선호할 수도 있죠.

〈사진22〉는 출판사가 모여 있는 헤이리 마을에 있는 '책이 있는 집'(건축가: 서혜림)입니다. 소개하다 보니 계속 책과 관련된 집들을 보

게 되네요. 이 집주인도 책이
아주 많습니다. 어쨌든 이 집
도 계단실 옆에 책꽂이가 있
는데 철골 기둥으로 이루어
져 있습니다. 이 집은 철골
구조로 되어 있는데, 집의 뼈
대를 이루는 철골 구조가 그
대로 책을 꽂는 서가로 활용
된 겁니다. 거기에 책이 빼곡
히 들어차 있죠. 3층 집인데
마당엔 연못도 있습니다. 참

책이 있는 집_사진22

고로 연못에 모기가 꼬이자 고심 끝에 올챙이를 풀었다고 합니다. 그
랬더니 모기가 싹 없어지더래요. 집주인이 친환경적인 마인드가 있
으신 거예요.

　〈사진23〉은 연희동에 있는 리플렉스(건축가: 김인철)라는 주택의 거
실입니다. 벽은 유리가 아니에요. '폴리카보네이트'라는 반투명 플
라스틱 자재입니다. 굳이 투명한 유리를 쓰지 않은 것은 복잡한 도시
풍경 때문입니다. 전망이 좋지 않으니 내다볼 필요가 없다, 대신 빛은
받아들이자 하고 판단한 거죠. 그래서 저렇게 하얗게 보이는 겁니다.

　이상으로 집 안에 숨겨진 다양한 공간을 살펴보았습니다. 어때요,
세상에는 아파트 말고도 다양한 집들도 많죠? 모두가 집주인의 생활
과 요구에 따라 지어진 맞춤형 집들입니다.

리플렉스_사진23

공간의 구체화 – 스케치와 모형 만들기

최근에 테크노마트가 흔들렸죠. 사람들이 놀라서 대피하는 등 한동안 뉴스거리가 되었습니다. 그도 그럴 것이 과거에 대형 참사가 있었으니까요. 삼풍백화점이 무너진 게 1995년입니다. 당시에는 그게 굉장히 쇼킹한 뉴스였어요. 거대한 백화점이 갑자기 무너져 많은 사람들이 죽었어요. 그래서 건물주도 잡혀가고, 건축가도 잡혀가고, 구조 기술사도 잡혀갔어요. 그러나 100명을 잡아넣은들 무슨 소용인가요. 그 사람들이 평생 감옥살이를 한다고 한들 무슨 소용이겠어요. 이미 많은 사람들이 죽거나 다쳤잖아요.

건축의 기본은 안전입니다. 아무리 공간에 대해서 고민한다고 해도 지은 집이 무너지면 안 되잖아요. 그래서 건축가들이 안전과 관계 된 것을 기본적으로 공부하는 거예요. 고층 건물에서 화재가 나거나 천재지변이 일어났을 때 빨리 대피할 수 있게 하고, 불이 다른 층으로 번지지 않게끔 방화 구역도 만들어요. 사람이 살 집은 절대로 바닷가에서 모래성을 쌓듯이 지어져서는 안 돼요. 안전을 우선하면서 공간을 구상해야 합니다.

자, 그럼 이런 공간들을 어떻게 구성하는지를 지금부터 살펴보겠습니다.

양평에서 집을 지을 때였는데요. 건축주가 철학을 공부하신 분이라 생각이 깊은 분이었어요. 그분과 지을 집에 대해 의논했는데 듣고 나니 그분의 집은 생각으로 가득한 일종의 숲인 거예요. 그래서 제가 느낀 이미지를 구체화해서 스케치를 하고 색을 칠했습니다. 그랬더니 느낌이 점점 구체화되었습니다. 그리고 난 후 모형을 만들었습니다. 지형도를 참조해서 땅의 높낮이도 반영했습니다. 한번 머릿속에 그려 보세요. 여기 마을길이 있고 숲길로 들어서면 집이 나옵니다. 입구로 들어갑니다. 앞에는 마당이 있고, 뒤에는 산과 이어진 후원이 있습니다. 이런 식으로 집을 둘러싼 공간 전체를 세세하게 구상하는 거예요.

예를 들어 마당만 해도 그래요. 비워 놓는다고 마당이 되는 건 아니거든요. 한옥이 좋은 모델이 됩니다. 도산서당은 서당 앞 한 귀퉁이에 조그만 연못이 있고, 담이 있고, 올라가는 길이 있고, 후원이 있습니다. 이런 식으로 배치하는 거예요.

강의실 모형_사진24

〈사진24〉는 주택의 예가 아니고, 모형을 만들어서 건물을 계획하는 예인데요. 조그만 건물뿐만이 아니고 큰 건물을 계획할 때도 모형 스터디를 해 봅니다. 종이 폼보드나 플라스틱을 붙여서 만들거나 나무를 이용해서 모델을 만들어요. 강의실 모형인데, 의자까지 일일이 다 만들어 놓은 거예요.

건축과에 오는 학생들은 이런 수고를 감수할 수 있어야 해요. 큰 건물만이 아니고 인테리어도 그대로 만들어 봐요. 〈사진25〉는 카페 인테리어를 구상한 겁니다. 좁은 공간에 벽을 세우고 안쪽에 조명을 넣어 실제보다 넓게 보이도록 했습니다. 특이하죠? 실제 느낌과 가깝게 보이려고 스티로폼으로 만들었습니다. 이런 과정을 거쳐 〈사진26〉인 실제 까페가 만들어졌습니다.

이상으로 스케치와 모형으로 공간을 구상하는 과정을 살펴보았습니다. 마지막으로 한 가지 유의할 점을 말씀드리고 강의를 마칠게요. 건축하는 사람은 화가나 조각가가 아니에요. 화가나 조각가의 작품은 그림이나 조각이지만 건축가의 작품은 건물입니다. 외부 환경을 따져야 한다는 겁니다. 건축주의 요구를 수용해야 하고 땅의 특성, 법률적 조건 같은 것들도 고려해야 합니다. 이런 자연적, 사회적 조

건들을 결합시켜야 하니
까 작업이 힘들죠. 결과
물이 불만족스러울 수도
있고요. 내 생각대로 안
될 때가 많습니다. 하지
만 그 모든 과정을 거치
고 하나의 작품으로서

카페 모형_사진25

건물이 탄생했을 때, 그때의 기쁨은 이루 말할 수 없죠.

지금까지 말씀드린 내용이 앞으로 여러분이 살 집을 지을 때 도움
이 되었으면 합니다. 감사합니다.

실제 카페_사진26

청소년　선생님은 어떤 집에서 살고 싶으세요?

노은주　막상 어떤 집에서 살고 싶은지 구체적으로 생각해 본 적이 없지만, 집은 우선 평상복처럼 편안해야 한다고 생각해요. 너무 손이 많이 가지 않고, 아무 데서나 기댈 수 있고, 바닥에 누울 수도 있고, 무엇보다 집에서 어디서든 책을 꺼내 읽을 수 있고, 가족들이 어디선가 각자의 공간에서 좋아하는 일을 하는 소리가 조금씩 들려오는 그런 집.

특히 제가 좋아하는 푸르스름한 하늘이 붉은 노을로 물들며 어두워지는 해 질 녘의 풍경을 잘 볼 수 있는 테라스라든가 큰 창이 있는 집을 짓고 싶어요. 마당이 넓을 필요는 없고, 넓고 높은 방과 좁고 천장이 낮은 방이 함께 있는, 변화가 있는 공간이면 좋을 것 같습니다.

오랫동안 서울에 살아왔기 때문에, 전원주택보다는 서울 한복판 복잡한 곳에 집을 지어 보고 싶어요. 넓은 땅이 아니어도 좋고, 가령 층마다 식구들 방이 하나씩 있어도 재미있을 듯해요. 엘리베이터로 각 방을 오르내릴 수도 있고요.

제일 좋은 건 일하는 공간이 같이 있는 거에요. 가령 남산에 가면 애니메이션센터가 있습니다. 거기에는 '만화의 집'이 있어서 늘 만화를 편하게 볼 수 있어요. 그런 식으로 건축 관련 정보를 얻을 수 있는 '건축의 집'을 1층에 두고, 2층은 사무실, 3층은 가정집이 들어서는 거죠.

청소년　건축가에게 집 설계를 의뢰할 때 어떤 준비가 있어야 하나요?

노은주　일단 자기 자신이 정확히 어떤 집을 원하는지 알아야 합니다. 집의 규모, 방의 크기 같은 물리적인 내용 외에도 그 집에서 자신이 가장 오래 머물 공간이 어디일지 생각해 봐야 합니다. 저는 그래서 자신이 좋아하는 일이 무엇인지, 스스로를 돌아보는 시간부터 가지라고 조언해요. 대부분 남들 이야기나 고정관념에서 출발하는 경우가 많거든요.

서재나 화실이나 목공실처럼 취미를 위한 공간을 새로 마련할 수도 있고 기존의 일상생활 공간들을 다양하게 구성할 수도 있거든요. 가령 주방이 예전에는 단순히 음식을 만드는 공간이었지만, 요즘은 각자 바쁜 가족들이 함께 머무는 대표적인 공간이 되었죠. 주방 작업대가 거실로 향하는 아일랜드식 주방처럼 꾸미면, 식사 후 함께 설거지도 하고 차를 마시며 대화를 나누거나 책을 읽거나 음악을 듣거나 친구와 수다를 떠는 공간이 됩니다.

화장실도 예전에는 생리 현상을 해결하는 용도로만 생각했지만, 요즘은 거기서 반신욕을 하는 등 휴식 공간이 되었기 때문에 저는 가능하다면 큰 창문도 달고, 수납 공간도 많이 넣고, 밝은 조명을 달도록 권합니다. 집을 지을 때 남들의 이야기보다는 내 생각을 끝까지 지켜 나가겠다는 의지가 제일 중요해요.

사진 : 최상천

꿈꾸던 집을 실제로 짓기까지는 오랜 시간과 적지 않은 비용이 들지만, 내 손으로 먼저 그려 보고 모형을 만들어 보는 건 그리 어려운 일이 아닙니다. 물론 제대로 설계를 하려면 축척도 알아야 하고 도면 기호도 알아야겠지만, 약식으로도 해 볼 수 있어요. 그럼 한번 같이 해 볼까요? 단, 칼을 다루는 만큼 다치지않게 조심하고 주변을 어지럽히지 않도록 주의해야겠죠?

1 **일단 모형 만들 재료들을 준비합니다.** 모두 일반 문구점에서 구할 수 있는 것들입니다. 특히 칼판이 있어야 칼질을 할 때 책상이 상하지 않겠죠? 모눈종이, 칼, 30센티미터 자, 칼자, 딱풀, 무독성 본드, 칼판, 3밀리미터 우드락(얇은 스티로폼 또는 폼보드)을 준비하세요.

2 **모눈종이에 평면도를 그립니다.** 보통 주택의 모형은 실제 크기의 1/100이나 1/50 크기로 만드는데, 모눈종이의 1밀리미터를 10센티미터라고 생각하고 그리면 1/100 축척의 도면이 만들어집니다. 30센티미터 자를 대고 그리면 좀 더 반듯하고 정확한 그림을 그릴 수 있겠죠? 그리기 전에 미리 방의 크기나 구성 등을 먼저 연습장에 여러 번 스케치해 보는 게 좋습니다.

3 **바닥 자르기** 모눈종이를 3밀리미터 스티로폼에 딱풀로 붙입니다. 그러면 바닥 판이 만들어지지요. 그리고 가장 바깥의 외벽을 따라 자릅니다. 성급하게 단번에 자르려고 하지 말고 천천히 여러 번 자른다는 마음으로 칼을 만지세요. 다치지 않도록 주의해야 합니다. 칼자를 대고 자르면 훨씬 반듯하게 잘 잘라져요.

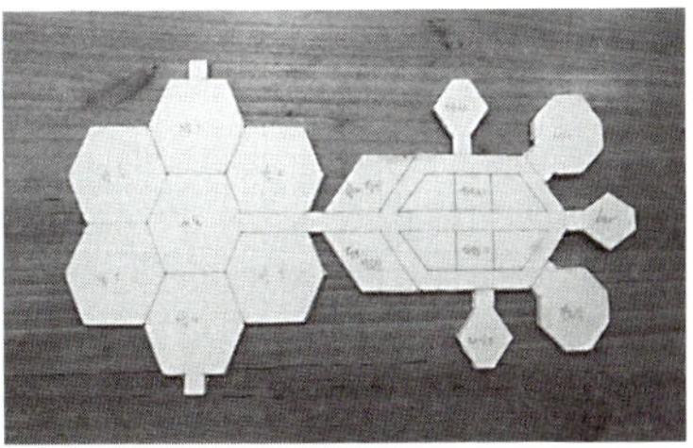

4 **벽 자르기** 원래는 건물을 정면에서 본 모습대로 입면도를 그리고 창 모양도 내면 좋지만, 간단하게 만드는 방법은 벽의 높이를 약 4센티미터(실제로는 4미터가 되는 셈) 정도로 정해서 일단 자른 다음 바닥에 대고 벽을 붙여 나가는 겁니다.

5 **붙이기** 벽과 바닥을 붙일 때 유의할 점은 본드를 바르자마자 붙이려고 하면 잘 안 붙고 지저분해진다는 겁니다. 본드가 마를 때까지 10초 정도 기다려야 해요. 본드 칠을 한 다음에는 콧노래를 잠시 불러도 좋고, 입김을 후후 불어도 좋습니다. 그런 후에 한 번에 붙이는 게 제일 좋아요.

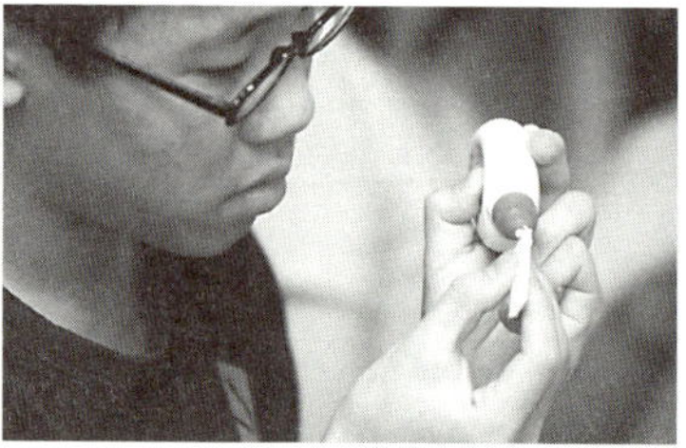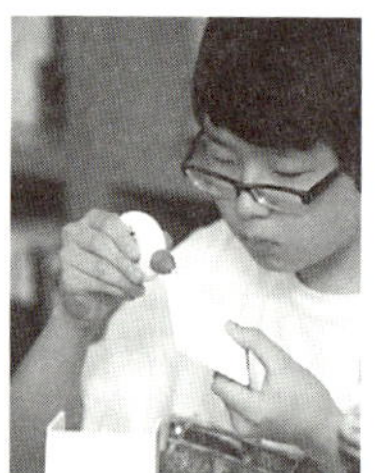

6 **벽 세우기** 먼저 자른 바닥을 놓고 바깥쪽으로 벽을 대면서 모서리를 맞춰 가며 붙입니다. 직각이 되도록 해야 나중에 집이 비뚤어지지 않겠죠? 여러 층으로 이루어진 집이면 이런 식으로 각 층을 만들어 쌓아 올리면 되고, 만약 처음부터 이층집을 계획한 사람은 벽 높이를 8센티미터로, 안쪽 벽 높이를 4센티 미터로 하면 됩니다.

7 **마무리** 바닥과 벽을 세우면 집의 공간 구성이 어느 정도 보이는 모형이 만들어집니다. 여기에 지붕을 덮으면 마무리가 되겠죠? 바닥 판처럼 평평한 지붕도 있고, 경사 지붕도 있고, 둥근 지붕도 있을 테니 자유롭게 상상하고 만들어 보세요. 좀 더 정교하게 하자면 계단도 만들고 난간도 붙이고 기둥도 만들면 좋겠지요?

8 **여러 가지 모형들** 건축가들은 설계를 하면서 수많은 모형을 만듭니다. 머릿속에 그린 멋진 공간이 실제 어떻게 만들어질지 모르니까요. 집의 주인이 될 분들과 이야기를 나눌 때도 모형이 있으면 훨씬 의사소통이 쉽습니다. 설계 중간 단계에서 만드는 것을 '스터디 모형', 설계가 끝난 마무리 단계에서 만드는 것을 '완성 모형'이라고 합니다. 여러분이 만들어 본 것은 스터디 모형이고요. 좀 더 관심이 가면 여러 번 만들어 보고 다양한 재료도 사용해 보세요. 단, 늘 다치지 않도록 조심하는 것을 잊지 마세요.

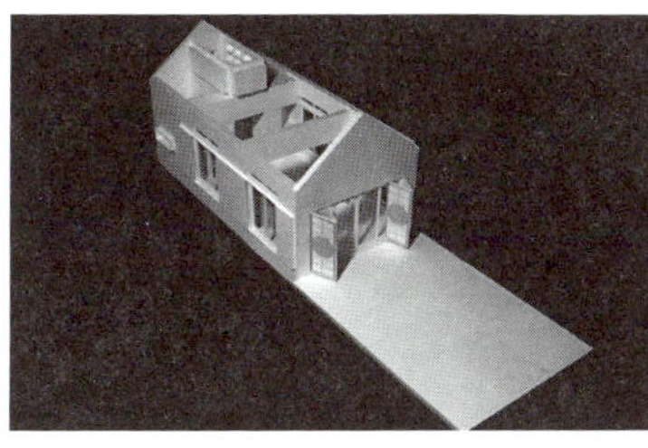

금산주택 스터디 모형 ①

금산주택 스터디 모형 ②

금산주택 완성 모형

신분제 사회의 한옥 구조와
문학 작품에 반영된 우리네 삶의 풍경

이재성

길담서원 학예실장

우리는 생겨날 때부터 '집'과 깊은 관련을 맺어요.

결혼을 하면 아이를 낳는데, 아기가 자라는 어머니 뱃속을 뭐라고 하지요?

한자로는 자궁(子宮), 우리말로는 '아기집'이라고 하지요.

또한 우리가 사는 집은 가(家)라는 한자로 쓰는데요.

작가, 건축가, 예술가라고 할 때도 집 가(家) 자를 씁니다.

그러니까 '집'은 외부로부터 우리를 보호하는 기능만 있는 것이 아니라

'어떤 것을 새롭게 설계하고 만들어 냄'을 뜻하기도 합니다.

이재성

전기도 없는 산골 마을에서 태어나 열 살까지 자랐다. 들녘 쏘다니며 풀꽃 이름 불러 주기, 나무 위에서 하늘 보기가 일상이던 시골 아이는 서울로 전학을 와서 학교 가는 길을 잃기도 했다. 친구들을 사귀지 못했고 다락방에서 책을 읽으며 초등학교 시절을 보냈다. 중학교에서 만난 선생님 덕분에 친구를 사귀고 학교 신문을 만들며 세상에 대한 눈도 떠 갔다. 잡지사 기자, 전시 기획자, 자유 기고가로 일했고 학생들과 책 읽고 그림 보고 음악 듣고 글 쓰는 논술 강사도 했다. 지금은 길담서원에서 청소년인문학교실과 한뼘미술관 전시 등을 기획하며 공부하고 있다.

신분제 사회의 한옥 구조와
문학 작품에 반영된 우리네 삶의 풍경

오늘은 문학 작품 속의 집에 대해서 이야기하는 시간입니다. 집을 주제로 혹은 소재로 한 문학 작품은 아주 많은데요. 그중에서도 우리 조상들의 삶의 일면을 보여 주는 『홍길동전』과 현재 우리 삶에 가장 많은 영향을 끼쳤다고 생각되는 새마을 운동을 다룬 몇 개의 문학 작품을 가지고 이야기하겠습니다.

"나라는 존재는 이미 역사적인 존재"라는 말이 있는데요. 무슨 말인가 하면, 아주 오래전, 그러니까 이 세상에 사람이 살기 시작하면서부터 경험이 축적되어 지금의 나에 이르렀다는 겁니다. 즉, 사람은 개인으로 존재하지만 그 개인은 자신이 속한 공동체의 생각과 삶의 양식을 이어받은 존재로 살아간다는 것이지요.

이러한 입장에서 살펴보면 여러분은 엄마와 아빠의 영향을 가장 많이 받겠지요. 그다음에, 할머니와 할아버지 또 다음에는 증조할머니와 증조할아버지, 고조할머니와 고조할아버지의 영향을 받고 태어난 거예요. 혈연적으로는 그렇다는 말입니다. 사회적으로는 선생님이라든지 선배, 후배, 친구 등등 자기가 속한 공동체의 영향을 받지요. 경제, 정치 등의 구조적인 영향도 아주 중요하고요. 이렇게 우리는 이미 역사적으로 자기 안에 오랜 시간을 거쳐 온 문화를 가지고 태어난다고 할 수 있어요. 우리가 태어나는 순간부터 그 시대의 모든 것을 품은 역사적 존재의 몸으로 출발한다는 것이지요.

우리 몸에는 이렇게 오랜 역사가 알게 모르게 녹아들어 있는데, 그 것을 문화라고 불러요. 그 안에는 집도 있고 문학도 있어요. 그중에 서 저는 '신분제 사회의 한옥 구조와 문학 작품에 반영된 우리네 삶 의 풍경'에 대해서 이야기하려고 합니다.

'짓다'와 '집'의 의미

지금 얘기하려고 하는 집도 마찬가지입니다. 우리가 집을 지을 때, 원시적인 방법부터 연구해서 집을 짓는 것이 아닙니다. 오랜 세월 선 조들이 대를 이어 살면서 만들어 놓은 것을 당대에 살기 편한 방식으 로 이어받아 집을 짓는 것이지요. 한 개인이 문학 작품을 창작할 때 도 오랜 세월을 거쳐 만들어진 형식을 통해 자신이 생각하고 경험한 것을 글로 짓는 것이고요.

집과 문학 사이엔 공통점이 많습니다. 뭐가 있을까요? 바로 '짓 다'라는 동사를 취한다는 겁니다. 집도 짓고, 글도 짓잖아요. '짓다' 라는 동사의 쓰임새는 다양합니다. 웃음 짓다, 눈물짓다, 밥 짓다, 농 사짓다 등등. 남녀의 결혼을 '짝짓는다'라고도 하지요. 이렇게 '짓 다'라는 동사는 우리 삶 전체를 관통하고 있습니다. 그러니까 '짓 다'라는 동사로 우리 삶의 처음과 끝을 설명할 수 있어요. 남성과 여성이 짝을 지으면 아기집에 아기가 생기고, 아기가 태어나 웃음 지으면 농사를 지어 밥을 지어 먹이고, 성장 과정에서 자식이 속 썩이면 눈물지으며 키우고 다 자라면 짝을 지어 주지요. 이렇게 우리는 역사적인 존재로 살면서 인류라는 큰 공동체의 대를 이으며 문학 작품도 짓고 노래도 짓다가 삶을 마무리 짓지요. 희로애락, 생로병사를 고루 경험하면서 문화를 지어 가는 것입니다.

　우리는 생겨날 때부터 '집'과 깊은 관련을 맺어요. 결혼을 하면 아이를 낳는데, 아기가 자라는 어머니 뱃속을 뭐라고 하지요? 한자로는 자궁子宮, 우리말로는 '아기집'이라고 하지요. 또한 우리가 사는 집은 가家라는 한자로 쓰는데요. 작가, 건축가, 예술가라고 할 때도 집 가家 자를 씁니다. 그러니까 '집'은 외부로부터 우리를 보호하는 기능만 있는 것이 아니라 '어떤 것을 새롭게 설계하고 만들어 냄'을 뜻하기도 합니다. 아기집에서 우리가 태어나는 것처럼 말입니다. 이렇게 '짓다'라는 동사와 거기서 나온 '집'은 창조적인 우리 삶과 관련이 깊습니다.

한옥의 구조는 왜 이런 모습일까?

　우선 문학 작품에 반영된 우리네 삶을 이야기하기 전에 한옥에 대해서 이야기해 보겠습니다. 한옥은 기와를 얹고 양반이 주로 사는 와가瓦家와 볏짚을 얹고 서민이 주로 사는 초가로 크게 구분해서 말씀드리겠습니다.

조선 시대의 양반은 유교 사상에 입각한 인문학적 소양과 경제력을 바탕으로 직접 집을 설계하고 인부를 시켜서 지었습니다. 그러니까 지금처럼 건축가에게 설계를 의뢰하지 않았다는 것입니다. 초가에 사는 농민도 스스로 집을 지었습니다.

조선 시대 유교 사상의 핵심은 남녀가 유별하고 부모님을 공양하고 나라에 충성하는 데 있습니다. 이런 사상을 담아서 집을 설계했지요. 남녀가 유별하니 거처 공간을 달리했습니다. 그래서 채와 채를 나누어서 지었어요. 남성의 주거 공간으로 사랑채를 짓고, 여성의 주거 공간으로 안채를 지었습니다. 또 조선 시대는 신분제 사회였기에 하인을 부렸습니다. 그러니까 하인들이 머물 행랑채도 지었겠지요. 그 밖에 할머니나 시집갈 나이가 된 딸을 위한 내별당, 남성의 휴양 및 사교를 위한 외별당, 조상을 위한 사당 등을 지었어요. 이렇게 대부분의 와가에는 유교 사상이 그대로 담겨 있습니다.

집주인은 이런 생각을 바탕으로 큰 그림을 그립니다. 풍수지리에 따라 뒤에는 산이 있고 앞에는 물이 흐르는 배산임수背山臨水 땅에 터를 잡고 집을 지었습니다. 늘 논과 밭에 신경을 써야 했기에 문전옥답門前沃畓이라는 말도 나왔지요. 집안에서 내다보이는 좋은 논밭이라는 뜻입니다. 방향은 주로 남향이나 남동향으로 짓는데, 안채는 집의 중앙에, 사랑채는 대문에서 가까운 안쪽에, 행랑채는 대문 가까운 곳에 설계했습니다.

그러고 나면 솜씨 좋은 목수들과 의논하며 공사에 들어갑니다. 대목이니 소목이니 하는 말을 들어 봤나요? 큰 나무를 다루는 사람을 대목장, 작은 나무를 다루는 사람을 소목장이라고 합니다. 이분들은 기술자지요. 지금으로 치면 시공자라고 할 수 있어요. 양반이 설계한 설계도를 보고 대목장이 서까래를 얹고 지붕을 얹으면 소목장이 여기다가 문을 달지요. 그런데 장인들이 무거운 나무를 다듬거나 들어 올리면서 직접 집을 지을 수는 없잖아요. 그러니까 기술자들을 불러서 일을 시켰지만, 하인이나 주변 친척의 도움도 많이 받았을 겁니다. 당시 사회는 혈연 중심의 씨족 사회였기에 한 마을에 같은 성을 가진 사람들이 모여 살았어요. 오늘 누구네 집 제사다 하면 일손을 돕는 것처럼 "올해, 큰아버지네 집 지으신대." 그러면 자기네 하인들을 보내서 집 짓는 일을 도왔겠지요. 서로 품앗이를 하며 산 것이지요. 마당에 나무도 옮겨다가 심고 마사토를 깔고 해서 하나의 집이 완성됩니다.

조선 시대에는 집터와 집의 크기를 보면 집주인의 신분을 대충 알 수 있었습니다. 예를 들어 같은 양반이라도 단을 높게 쌓은 집일수록 잘사는 집이고 계급도 높았지요. 돈이 많이 들거든요. 그래서 높이 쌓은 기단은 권위의 상징이기도 했습니다. 또, 기단이 높으면 땅과 떨어져서 지열과 습기, 벌레로부터 보호받을 수 있었어요.

〈사진1〉은 경북 안동에 있는 의성 김씨 사랑채입니다. 여기 중문을 중심으로 보이는 건물이 둘 다 사랑채인데, 자세히 보면 왼쪽 방은 기단을 높게 쌓아 높은 곳에 있고 난간도 있는데, 오른쪽 방은 낮은 위치에 있고 난간도 없어요. 왼쪽 방에서는 아버지가, 오른쪽 방

에서는 아들이 글도 읽고 손님도 맞이했지요. 가부장적 위계질서가
집 구조에 반영된 겁니다.

여성의 거처인 안채나 내별당은 집안사람의 눈에 가장 잘 띄는 위
치에 있습니다. 그래서 부인이나 별당의 딸들이 누구를 만나는지, 무
엇을 하는지 잘 드러나 보이지요. 그러나 남성의 거처인 사랑채나 외
별당은 대문 밖에 있거나 외부와 접하고 있어서 집안사람의 시선으
로부터 자유로울 수 있고 친구들도 쉽게 오갈 수 있습니다. 그러니까
밖에서 보면 안채는 은밀하고 사랑채는 노출되어 있다고 할 수 있지
만, 가족 내의 관계에서 본다면 정반대라고 하겠지요. 안채는 사생활
이 공개되고 사랑채는 사생활이 은폐되는 공간 구조인 것입니다.

한옥(와가)의 채 나눔과 신분제 사회

경주에는 월성 손씨와 여강 이씨가 500년 가까이 살고 있는 양동 마을이라는 곳이 있습니다. 앞에는 양동천이 흐르고 멀리 설창산은 네 줄기로 뻗어 내리는데, 이 마을은 그 능선에 자리 잡고 있어요. 마을의 중심이라고 할 수 있는 가장 높고 넓은 자리, 전망이 좋은 자리에는 양반이 살겠지요. 그럼, 골짜기 아래는요? 소작인과 하인이 사는 집들이 있습니다. 하인 중에는 행랑채에 살면서 일을 하는 하인도 있고, 출가해서 자기 집을 갖고 있는 하인도 있었어요. 이들이 아랫마을에 살면서 물도 길어 올리고, 빨래도 해오고, 채마밭도 일구며, 농사도 짓고 그랬지요.

조선 시대 양반은 일을 안 했어요. 일은 하인이 하고 관리 감독도 마름을 두어서 시켰지요. 양반은 책 읽고 공부하며 음풍농월에 음주가무를 즐겼지요. 무반은 무술이라도 연마했지만 문반은 그렇지 않았어요. 선비는 비가 와도 뛰지 않는다고 하잖아요. 물론 산 좋고 물 좋은 곳을 찾아가서 투호나 활쏘기를 즐겼다고는 합니다만, 일상에서 선비는 몸을 쓸 일이 별로 없었던 것 같습니다.

그래서인지 양반이 집을 지을 때 몸의 근육을 다양하게 쓸 수 있는 구조를 생각했던 것 같아요. 마당에서 계단을 올라와 댓돌에서 신발을 벗고 마루를 거쳐 방으로 들어가는 과정을 살펴보면, 걸음의 폭과 높이가 일정하지 않다는 것을 알 수 있어요. 예를 들어 안채에서 사랑채로 갈 때 마루에서 내려와 댓돌에서 신발을 신은 다음 기단을 밟고 계단을 내려오는데, 계단과 댓돌은 폭도 높이도 다른 경우가 많아요. 측면에는 좁은 계단도 있는데요. 측면에 붙은 계단을 오를 경우엔 몸이 긴장되거든요. 또, 광산 김씨 집안의 경우 침락정 뒷문을 통과하려면, 고개를 숙이고 몸을 작게 웅크려야만 지나갈 수 있어요. 아마도 침락정은 강학당의 기능을 하는 곳이라 겸손한 학문의 자세를 강조하려는 의도도 있을 것 같아요.

또 문지방이 높아 넘듯이 드나들어야 하는 문도 있고요. 문의 높이가 낮은데 문지방까지 높은 문도 있어요. 양반들이 이렇게 설계한 이유는 우리의 몸을 웅크렸다 폈다 다리를 높게 올렸다 내렸다 하면서 체조의 효과를 얻고 겸손해지게 하기 위해서라고 임석재의 『우리 건축 서양 건축 함께 읽기』라는 책에서 이야기하고 있어요. 이렇게 몸의 움직임이 적은 양반은 채와 채 사이에 변화를 줘서 바깥 공기와 햇볕도 쏘이고 앉아 있을 때는 쓰지 않던 근육도 사용하고, 그랬던 것 같아요. 그런데 저는 이 글을 읽으면서 하인들을 생각했어요.

하인은 산에서 나무를 하고 물을 긷고 부엌에서 불을 때서 밥을 짓습니다. 상을 차려 들고 부엌의 문턱을 넘어 계단을 내려와 마당을 지납니다. 댓돌에서 신을 벗고 저녁진지 왔다고 아뢴 후, 문을 열고 상을 들여 가야 했지요. 예전에는 도자기나 유기 같은 그릇을 썼다는 것을 아시지요? 무겁고 닦기도 힘든 그릇이었어요. 당시 양반은 독상을 받았기 때문에 사람 수만큼 소반에 음식을 차려야 했어요. 비라도 오면 어땠을까요? 상을 들고 계단과 턱을 오르내리기가 얼마나 힘들었을까요? 일정하지 않고 변화가 있는 계단은 양반에게는 건강에 도

정여창 고택 사랑채_사진2

움을 주는 휴먼스케일human scale이었고, 지열과 습기, 벌레로부터 집과 사람은 보호해 주었지만 하인의 몸은 더 고단하게 하는 구조였을 거예요. 몸은 지치고 짐은 무거우니 발걸음이 자꾸 꼬이기 십상이었겠지요.

〈사진2〉는 정여창 고택 사랑채인데요. 이거 보면 어떤 느낌이 드나요? 아주 아름답다는 느낌이 들지요? 이 사진을 보고 어떤 친구가 "우와, 멋있다. 이리 오너라." 그래요. 그래서 제가 "네가 지금 사랑채 난간에 기대어 밖을 내다본다면 아름답게 보이겠지만, 마당에서 일하는 하인이라면 어떨까?" 이렇게 물어봤어요. 여러분은 어떨 거 같아요? (청소년: "기분 나쁠 거 같아요.")

마당이라는 공간은 어떤 공간일까요? 채와 채를 오가는 접점이면서 작업 공간이지요. 마당은 집안의 크고 작은 일을 하는 공간으로 타

작도 하고 잔치도 열고 하는데, 주인이 난간에 팔을 떡 걸치고 곰방대를 쭉쭉 빨면서 하인이 일하는 모양을 지켜보고 있다고 생각해 보세요. 물론 집안에서 바라보는 차경(借景: 주변 경치를 창을 통해 집안까지 빌려 옴)의 미학적인 아름다움도 있겠지만, 그건 어디까지나 주인의 입장에서 보는 마당일 뿐, 일하는 사람의 입장에서는 주인의 눈이 계속 따라다니는 공간이지요. 주인이 "이리 오너라." 하면 헛간이나 부엌에서 일하던 하인이 달려와서 머리를 조아리는 공간인 것입니다.

대문이랑 가장 가까이 있는 곳은 행랑채예요. 일하는 사람들이 묵는 곳인데, 그 가까이에 사랑채가 있어요. 사랑채는 남자의 공간이면서 손님이 묵는 곳이기도 해요. 와가를 보면 집안의 신분에 따른 구분, 동선, 공간의 쓰임새 등을 매우 세세하게 신경 쓰고 있다는 걸 알 수 있어요. 그러나 일하는 사람을 위한 배려는 없는 것 같아요.

도래마을 옛집_사진3

나주에는 풍산 홍씨 집성촌이 있어요. 이곳에는 한국내셔널트러스트가 근대 한옥으로서 높은 평가를 내려 문화유산으로 지정한 1930년대 지어진 도래마을 옛집(사진3)이 있어요.

조선 시대의 와가는 안채와 사랑채가 나뉘어 있었잖아요. 그런데 도래마을 옛집은 안채와 사랑채가 일자로 붙어 있어요. 툇마루에 작은 문 하나를 달아서 안채와 사랑채를 구분했지요. 이런 것을 보면 여전히 유교적인 사상이 자리를 잡고 있었다는 것을 알 수 있어요. 문 하나를 달아서 남녀의 공간을 구분하려고 하잖아요. 또, 부엌과 안방 사이엔 작은 문이 있어서 밥상을 안방으로 바로 들이게 되어 있어요. 그러니까 밥상을 들고 밖으로 나올 필요 없이 바로 부엌에서 안방으로 들여보내서 식사를 할 수 있었던 것이지요. 근대로 오면서 양반 사회가 무너지고 하인 없이 살게 되다 보니 집을 단순하고 편리하며 실용적으로 짓게 됩니다.

북촌 개량 한옥에서도 그런 예를 볼 수 있어요. 주로 30년대 집장사들이 지은 집인데, 마당은 있지만 하인 없이 살아야 하니 'ㄱ'자 형태로 연결된 단순한 집안 구조로 되어 있어요.

최초의 주거 공간은 지금의 원룸 비슷하게 모든 것이 모여 있는 움막 같은 곳이었을 겁니다. 거기서 밥도 해 먹고 잠도 자고 아이도 낳고 살았겠지요. 암사동 유적지 같은 곳을 보면 알 수 있지요. 시간이 지나면서 방과 부엌이 분리되고 마루가 생기고 그랬겠지요. 그리고 하인을 부리는 신분제 사회와 남녀유별이라는 유교 사상으로 인해 채와 채를 분리하는 와가의 구조가 생겨났어요. 만약에 양반이 직접 밥을 짓고 농사를 지었다면 이런 구조가 아니었을 겁니다. 하인에게 모든 일을 시키고 외출할 때도 가마를 타던 양반은 자연히 운동이 부족하니까, 공간 자체를 분리하고 댓돌과 계단의 폭과 높이 등을 다르게 해서 몸의 움직임에 변화를 주는 집을 지었던 것입니다. 그러나 신분제 사회가 붕괴되면서 하인 계층이 없어진 현대 사회에서는 최소한의 움직임으로 가능할 수 있도록 집을 설계했어요. 다시 단순한 집의 구조로 돌아왔다는 것이지요. 그렇지만 현대 사회에서도 잘사는 집, 이를테면 재벌 회장인 아무개의 집은 채가 나뉘어 있다고 해요. 집을 관리해 주는 사람이 따로 있기 때문에 채를 나누는 집 구조를 취한 것이지요.

자연의 일부, 서민들의 공간-초가

예전에는 모두가 건축가였어요. 건축가 없는 건축, 조형가 없는 조형 예술이라는 말은 그래서 나온 것이지요. 인문학적인 소양도 없고, 경제력도 없고, 시간도 없는 서민은 자연의 일부처럼 살았어요. 초가는 우선 재료를 구하기 쉬웠습니다. 볏짚이나 진흙, 나무로 지었으니까요. 물론 서민은 돈과 인력과 시간이 있어도 와가를 짓고 살 수는 없었어요. 큰 나무나 기와를 얹어 집을 짓는 것을 법으로 금지했거든요. 와가는 양반의 전유물이었어요.

초가는 지붕에 진흙을 올리고 볏짚을 여러 겹 덮어서 단열 효과를 높였다고 합니다. 지붕은 2~3년에 한 번씩 갈아 줘야 해서 너무 번거로웠는데요. 썩혀서 그대로 퇴비로 쓸 수 있는 점이 농부에게는 그나마 도움이 되었습니다.

서양식 주택이 석재를 써서 영원성을 추구했다면, 우리의 전통 가옥은 자연성을 중요시했다고 볼 수 있어요. 그런데 우리 조상이 유난히 자연 친화적이라서 그렇게 되었다기보다는 주변의 환경과 생활 조건 때문에 자연스레 그렇게 되었다고 보는 편이 좋겠지요.

초가의 공간 역시 와가처럼 열려 있습니다. 조선 시대의 집은 대체로 발뒤꿈치만 살짝 들어도 안이 훤히 들여다보입니다. 열린 공간이지요. 그러나 양반이 사는 와가의 '열려 있음'과 초가의 '열려 있음'은 개념이 다릅니다. 와가는 안에서 밖을 내다볼 수 있을 뿐 밖에서 안을 들여다보기는 어려운 구조인데, 초가는 문 하나만 열면 안과 밖의 경계가 없어지는 구조입니다. 아주 큰 차이지요.

싸리 울타리에 문짝 하나 달린 것이 대문인데, 봉당이라는 작은 마당을 지나면 작은 툇마루가 있고 바로 안방 문이 있는 집이 초가였지요. 게다가 문도 창호지 문이어서 안에서 하는 소리가 다 들려요. 싸리울을 열고 들어가면 마당을 지나 부엌, 안방, 건넌방이 일자로 배치되어 있는데 이게 다입니다. 마루는커녕 사립문조차 못 달고 산 사람도 많아요. 그런 의미에서 양반 집은 닫힌 구조로 사생활이 보장되었다면, 서민 집은 열린 구조로 사생활을 보호하기 힘든 구조라고 볼 수 있어요.

서민은 여유가 없다 보니 양반처럼 안채, 사랑채 구분해서 공간을 쓰지 못했어요. 그렇지만 서민 계층에서도 남녀 차별은 여전해서 남성 어른은 독상을 받고 여자와 아이들은 같은 상에서 먹거나 바닥에 놓고 먹는 경우도 많았어요.

자~ 그럼, 집의 구조 이야기는 이 정도로 하고, 문학 작품으로 넘어가 봅시다.

춘섬이 입장에서 본 허균의 『홍길동전』

먼저, 고전 작품인 허균의 『홍길동전』을 읽으며 조선 시대의 옛집과 거기에 살았던 사람들 이야기를 해 보죠. 허균은 1569~1618년에 활동한 시인이자 문장가인데, 역모의 혐의를 받고 처형을 당했어요. 그가 쓴 『홍길동전』은 실존 도둑을 모델로 삼아 서얼이라는 신분적 제약에 저항하는 사회적인 변혁 사상을 반영했어요.

우리는 『홍길동전』에 대해 최초의 국문 소설이다 뭐다 하면서 마치 잘 알고 있는 듯이 여기지만, 실제로 이 작품을 처음부터 끝까지 읽어 본 사람은 많지 않은 것 같아요. 이번 기회에 이 작품을 읽어 봤으면 좋겠어요.

하루는 승상이 난간에 기대어 잠깐 졸았다. 서늘한 바람이 길을 인도하여 한 곳에 다다르니, 푸른 산은 높이 솟고 파란 물은 넘칠 듯 가득 차고, 가는 버들 천만 가지에 녹음이 춤추듯 나부

끼고 황금 같은 꾀꼬리는 봄의 흥취를 희롱하여 버드나무 사이를 오락가락하였다. 아름다운 꽃과 풀이 곳곳에 만발한데, 푸른 학과 흰 학, 물총새와 공작새가 봄빛을 자랑하거늘, 승상이 경치를 구경하다 점점 깊이 들어가게 되었다. 높디높은 절벽은 하늘에 닿았고, 굽이굽이 계곡물은 골골이 폭포 되어 오색구름이 어리었는데, 길이 끊어져 승상이 갈 곳을 몰랐다. 문득 청룡이 물결을 헤치고 머리를 들어 고함을 질러 산골짜기가 무너지는 듯하더니, 그 용이 입을 벌리고 기운을 토하여 승상의 입으로 들어왔다.

잠에서 깨어 깨달으니 평생에 한 번 올 대몽이었다. 마음속으로 '반드시 군자를 낳으리라'고 생각하여, 즉시 내당에 들어가 몸종을 물리치고 부인을 이끌어 취침코자 하였다. 부인이 정색하고 말하였다.

"승상은 한 나라의 재상입니다. 그 체면과 위상이 높으시거늘 한낮에 정실에 들어와 저를 노류장화路柳墻花 대하듯 하시니 재상의 체면이 어디에 있습니까?"

―『홍길동전』(허균, 김탁환 풀어 옮김, 민음사)에서

위에는 홍길동 아버지인 승상이 난간에 기대어 졸았다는 대목이 나옵니다. 난간에 기대 졸았다고 하는 것을 보니, 날이 좋았나 봐요. 아무튼 겨울은 아니었겠지요. 겨울이 아닌 나머지 계절에 일하는 사람들은 눈코 뜰 새 없이 바빠요. 그런데 승상은 의관을 정제하고 졸

고 있습니다. 난간은 마루나 층계에 막아 세운 구조물인데, 집안의
권위와 관련이 있다고 했지요. 승상은 거기서 기대어 졸다가 꿈을 꿉
니다. 군자를 낳을 것 같은 태몽이에요. 그래서 내당에 들어가 몸종
인 시비侍婢를 물리치고 부인과 동침하려 합니다. 그러나 '딱지'를
맞지요. 노류장화路柳墻花라는 말은 길가의 버드나무와 담 밑에 장미
처럼 누구나 쉽게 만지고 꺾을 수 있다는 뜻으로 기생을 뜻해요. 정
실부인을 기생 대하듯 했으니 그랬겠지요. 계속 볼까요.

　　승상이 생각해도 부인의 말이 당연하지만, 그 좋은 꿈을 헛되
이 할까 두려워 꿈 이야기는 입 밖에 꺼내지도 못하고 연이어 간
청하였다. 그러나 부인이 옷을 떨치고 밖으로 나가 버렸다. 승상
이 무안하면서도 부인의 도도한 고집이 안타까워 수없이 한탄하
며 외당으로 나오니, 마침 몸종 춘섬이 상을 올렸다. 주위가 고
요하고 그윽한 틈을 타 춘섬을 이끌고 원앙지락鴛鴦之樂을 이루
니, 적잖이 화는 풀렸으나 못내 마음에 걸려 하였다.

부인에게 '딱지'를 맞은 승상은 안채 즉 내당內堂을 나와 외당外
堂 즉 사랑채로 다시 옵니다. 사랑채는 안채로부터 완전히 분리된 공
간입니다. 거기서 밥상을 들고 들어온 춘섬이를 만납니다. 아까 난간
에 기대 있던 곳, 바로 거기가 사랑채였거든요. 사랑채가 서재였다가
밥을 먹는 공간으로 변하는 순간이지요. 방의 기능은 고정적이지 않
았어요. 책을 보고 있으면 서재가 되고, 이불을 깔면 침실이 되는 것

이지요. 요즘은 침실, 서재, 부엌, 거실 등으로 집안의 공간이 다 나뉘어 있습니다. 산업화 시대를 살면서 우리가 사는 공간도 분화된 것이지요.

아무튼 여기서 승상은 노비 춘섬이와 짝짓기를 했다기보다 겁탈을 합니다. 부인에게 거절당한 화풀이를 춘섬에게 했다는 것인데, 여러분이 보기에 승상이 덜어낸 울화가 누구에게 갔을까요? 맞아요. 바로 춘섬이의 울화가 되었을 거예요. 승상의 한탄은 장차 큰 인물이 될 자식이 서자로 태어날 것이겠지만, 춘섬이의 한탄은 '사랑하는 삼룡이의 아내가 될 수 없겠구나.' 하는 것일 수 있습니다. 그럼에도 노비의 신분인지라 아무 저항도 할 수 없었던 것이지요.

> 춘섬이 비록 태생은 천하나 재주와 덕행이 순박하고 곧은지라, 뜻밖의 승상의 위엄으로 가까이 두시니 감히 어기지 못하고 순종한 후로는 그날부터 중문 밖에 나가지 아니하고 행실을 닦으며 지냈다. 과연 그달부터 태기가 있어 열 달을 채우자, 거처하는 방에 오색구름이 영롱하며 향기가 기이한데, 진통 끝에 아기를 낳으니 용모 뛰어난 사내아이였다. 삼 일 후에 승상이 들어와 보고 한편 기뻐하였으나 천한 몸에서 나게 된 것을 아까워하였다. 아이 이름을 길동이라 하였다.

위의 설명처럼 춘섬이는 신분은 천하지만 재주도 있고 바르고 착한 행동을 하는 순박한 사람입니다. 이런 사람이 승상에게 겁탈을 당한 후, 승상의 명령을 어기지 못하고 순종한다는 이야깁니다. 길동이 태어나자 승상은 기뻐합니다. 그러나 춘섬이는 어땠을까요? 여기에서 보면 승상의 감정만 있고 춘섬이의 감정은 없습니다. 그러니까 춘섬이는 남존여비 男尊女卑의 신분제 사회에서 여성이고 가장 최하층민이라는 이중고를 겪고 있는 인물인 것이지요. 한마디로 이 부분에는 남존여비와 반상 班常차별의 가부장적 신분 질서가 반영되어 있습니다. 집이 그 시대의 사상과 문화를 반영하듯이 문학 작품도 이렇듯 직·간접적으로 그 시대를 살았던 사람들의 사상과 문화를 반영합니다.

허균은 왜 이런 작품을 썼을까?

　지은이인 허균은 적자, 서자를 가리지 않고 고루 친하게 지냈다고 해요. 천한 신분인 기생과도 가깝게 지냈고요. 허균의 스승도 서자 출신이었어요.

　여성과 서자에 대한 차별이 조선 초기에는 그리 심하지 않았다고 해요. 그러다가 중기로 갈수록 차별이 심해지지요. 그 이유가 뭐냐 하면, 바로 조선의 축첩 제도 때문입니다. 양반들이 첩을 여러 명 두다 보니 서자들이 계속 늘어나는 거예요. 그러면 관직 수가 부족해집니다. 경쟁자가 많아지기 때문이지요. 이때부터 서자에 대한 차별이 심해집니다. 그래서 양반과 양반이 결혼해서 낳은 자식만 양반으로 인정하게 되지요. 왜 그랬을까요? 양반의 수가 많아질수록 특권이 줄

어드니까 그 수를 한정한 것이지요. 예를 들어 양반의 비율이 10퍼센트일 경우에 일하지 않고 하인을 부리면서 누릴 수 있는 자유와 부를 그 비율이 20퍼센트로 늘어나면 서로 나눠 가져야 하니까, 특권이 그만큼 줄어든다고 생각했겠지요.

이 작품의 발표 시기가 조선 중기거든요. 아마도 강화된 적서차별에 대한 불만도 한몫했을 테지요. 허균은 서자가 아니었어요. 두 번째 부인의 소생이긴 했지만 정실부인의 자식이었습니다. 그럼에도 이런 작품을 쓴 것은 당시의 지식인으로서 문학 작품을 통한 자기 해방, 즉 자기 구원을 희구했기 때문일 겁니다. 개인적이고 사회적인 욕망이나 희망, 부조리나 죄악, 결핍이나 아픔을 이야기 속에 표현함으로써 그것으로부터 벗어나고자 한 것이지요. 독자들은 부정부패한 계층에 대한 반발과 도전을 보면서 공감과 대리 만족을 느꼈을 겁니다. 서자는 물론 설움을 겪는 서민도 울분을 삭였겠지요. 허균이 이 작품을 한글로 쓴 이유도 여기에 있을 겁니다.

그러나 율도국에서 왕이 된 홍길동은 첩을 두고 자기 가족에게 벼슬을 내림으로써 봉건적 신분제 사회의 의식을 완전히 벗어나지 못한 모습을 보여 줍니다. 또한 『홍길동전』을 통해 적서차별을 비판했던 허균도 춘섬이 같은 하인이 자기 의지와는 상관없이 승상의 아이를 낳고 첩으로 살 수밖에 없는 점에 대해서는 문제를 제기하지 않고 있어요. 허균 역시 조선 시대의 신분 구조와 사회 문화라는 시대적 한계 안에 갇혀 있다는 것을 보여 주는 대목입니다.

사람은 시대적인 한계를 안고 살아갈 수밖에 없기에, 이 작품이 조선 시대의 사회 구조와 신분 질서를 고스란히 반영한 것은 어쩔 수 없지만, 서자보다 더 약자인 춘섬이의 입장을 지나친 점은 안타까워요. 하지만 허균이 지금 이 시대를 살고 있다면 춘섬이의 마음을 표현했을 것이고, 아마도 이주 노동자나 비정규직 노동자로서 홍길동을 등장시켰을지도 모릅니다.

철거의 역사 – 새마을 운동과 재개발

일제 강점기와 한국 전쟁을 겪으면서 우리나라의 전통적인 주거 형태에 많은 변화가 생겼어요. 그러한 변화를 반영하여 많은 문학 작품은 물질적, 정신적으로 자유를 상실하고 정든 땅과 집을 떠나 이리저리 떠도는 사람의 체험을 묘사하고 있지요.

전쟁으로 집은 불타고 마을은 잿더미가 되었어요. 그렇게 전쟁이 남긴 폐허 위에 다시 집을 지으려 하니 재료가 마땅치 않았어요. 농촌은 그나마 농사를 지으니까 초가를 짓고 살 수는 있었지만, 농사만 지으면서는 사람답게 먹고살 수 없었어요. 왜냐하면 경제 발전을 위해서 정부가 농산물 가격을 싸게 유지하는 정책을 취했거든요. 그 결과 농촌 인구는 공장이 있는 도시로 대거 들어왔고, 그들을 노동자로 고용한 공장은 임금을 적게 주고 일을 시킬 수 있었어요. 도시의 노동자가 된 그들은 도시의 빈민이 되어 폐자재 같은 것으로 얼기설기 엮은 판잣집에서 살았습니다. 화장실도 공동으로 사용했지요. 지금은 대부분 없어졌지만 달동네라고 부르던 동네, 청계천이 예전에는 이런 빈민들이 살던 곳이에요. 요즘도 우리가 잘 알지 못해서 그렇지, 이런 환경 속에서 사는 분들이 꽤 있습니다.

이렇게 비인간적인 환경 속에서도 도시 빈민들은 작게나마 집다운 집을 짓고 사람다운 삶을 살기 위해 노력했는데 국가에서는 보기 흉하다고 재개발을 했고 농촌은 잘살게 해 주겠다며 새마을 운동을 했어요. '새마을 노래'라는 것이 있는데요. 가사를 보면 당시의 분위기를 잘 알 수 있어요.

초가집도 없애고 마을길도 넓히고
푸른 동산 만들어 알뜰살뜰 다듬세
살기 좋은 내 마을 우리 힘으로 만드세

서로서로 도와서 땀 흘려서 일하고
소득 증대 힘써서 부자 마을 만드세
살기 좋은 내 마을 우리 힘으로 만드세

1970년대 우리 농촌에 새벽부터 울려 퍼지던 노래입니다. 노래라기보다는 의식화 교육 같은 것이었지요. 매일 이런 노래를 반복해서 듣게 해서 국가에서 하는 일을 당연하게 받아들이게 했어요. 새벽에 이 노래가 울리면 마을 어귀에서 사람들이 한두 명씩 모여듭니다. 그들은 "초가집을 없애고 마을길을 넓히는" 작업에 들어가요. 변변한 작업 도구도 없었어요. '리어카'라고 부르던 수레하고 삽, 호미, 괭이, 이런 것을 가지고 일을 했습니다. 작업 도구는 물론, 자기가 먹을 도시락도 싸 와야 했지요. 일당도 안 주면서 이렇게 일을 시켰어요. 볏짚으로 지붕을 얹었던 초가집이 함석지붕, 슬레이트 지붕으로 바뀌었습니다. 그런데 당시 지붕의 재료로 쓰인 슬레이트가 1급 발암 물질인 석면으로 만들어졌다는 것을 아시는지요? 그래서 요즘 지자체에서는 슬레이트 지붕을 철거하고 있습니다.

새마을 운동은 지붕을 바꾸고 마을길을 넓히면서 우리 삶의 흔적을 지웠을 뿐 아니라, 신화라든지 설화, 전래 민요, 민담 등 예부터 입으로 전해 오던 전통적인 구비 문화, 즉 상상력이 풍부해지는 우리 문화의 근거를 지웠다는 점에서 일종의 정신 개조 운동이기도 했어요. 이제 새마을 운동이 어떻게 전개되었는지 문학 작품을 통해서 구체적으로 살펴봅시다.

"그런데도 데모 같은 거 안 해요?"–이순원 『아들과 함께 걷는 길』

먼저 살펴볼 작품은 1996년에 나온 이순원의 소설 『아들과 함께 걷는 길』입니다. 작가 이순원은 1995년에 『수색 그 물빛 무늬』라는 자전적 소설로 동인문학상을 받습니다. 이 작품은 자신을 낳아 주신 친어머니와 작은어머니라고 불리는 또 한 분의 어머니가 한집에 살았던 어린 시절을 바탕으로 하고 있어요. 문학상을 받고 그 사실이 세상에 알려지자 작가는 마음이 불편하여 고향 집에 연락을 못 하고 지 냅니다. 부모님과 형제들이 숨기고 싶은 집안의 내력을 가족들 동의 도 없이 세상에 밝힌 셈이었으니까요. 그러던 어느 날, 작가는 아버 지의 부름으로 고향인 강릉에 가게 됩니다. 아내가 운전하는 차로 가 다가 대관령 입구에서 내려 아들 상우와 걸어가며 주고받는 대화가 이 소설을 이룹니다.

『수색 그 물빛 무늬』는 지금 우리의 눈으로는 있을 수 없는 이야기 이지만, 큰어머니, 작은어머니로 불리는 두 여인이 한집안에서 사는 일이 6, 70년대까지만 해도 먹고살 만한 집에서는 흔히 있었다고 해 요. 가난한 집에서는 입을 하나라도 줄여야 했고 농사지을 땅이 많은 집에서는 일손이 필요하기도 했으니까요. 게다가 축첩 제도의 습성 도 아직 남아 있었고요. 그런 집의 당사자인 큰어머니, 작은어머니뿐 만 아니라 자식들도 많은 상처받았을 거예요.

『홍길동전』에서 보듯이, 작가는 문학 작품을 통해 자신의 내밀한 아픔이나 결핍을 고백함으로써 그것으로부터 해방되고자 한다고 했 지요. 작가 이순원도 그러지 않았을까 싶어요. 그가 품고 있었던 가 족사의 그늘과 아픔은 작가 자신의 개인적 경험만이 아니라, 당대 사 람들의 기억 속에도 생생히 살아 있는 시대의 아픔이자 상처이기도 했기 때문에, 그것을 드러내고 고백함으로써 한 시대를 함께 극복하 고 넘어서자는 의도가 있었을 것이라고 생각합니다. 이 소설을 읽는 사람들 중에는 같은 아픔을 지닌 사람들이 있어서 '아, 나만 그런 게 아니었구나.' 하고 위로를 받았을 겁니다. 그럼 『아들과 함께 걷는 길』을 봅시다.

　　"바로 네 고조할아버지와 증조할아버지와 할아버지께서 이 길을 새로 닦고 넓히셨단다."

　　"어떻게요?"

　　"고조할아버지께서 사셨던 건 일본이 우리나라를 막 지배하고, 자동차가 들어오기 시작하던 시대였단다. 증조할아버지 역시 그런 시대에 사셨고 일본 군인들과 경찰이 두 분 할아버지께 강제로 이 길을 닦게 했던 거야." (…)

　　"할아버지가 이 길을 닦으신 건 해방이 된 다음이란다. 그때에도 '인부'라고 해서 강릉 서쪽 마을과 대관령 아랫마을에 사는 사람들은 일 년에 서른 번에서 많게는 쉰 번까지 여기 대관령으로 길 닦기를 나와야 했거든. 품삯도 한 푼 받지 않고 바쁜 농사철에도 말이지. 네 증조할아버지와 할아버지가 함께 이 길을 걸었던 것도 그때였고."

　　"어떻게요, 아빠?"

　　"할아버지가 젊으실 때, 대관령 너머에서 차를 타고 오시다가 '인부'를 나온 증조할아버지를 보신 거야. 그래서 중간에서 내려 해가 질 때까지 증조할아버지 대신 할아버지가 길 닦기 인부를 하고 나서 두 분 이 길을 내려오셨던 거야."

　　"길 닦기를 왔는데도 차를 안 태워 줘요?"

　　"그때는 자동차가 귀했으니까. 길 닦기를 하러 나올 때에도 이른 새벽에 마을 사람 들이 모여 여기까지 걸어와야 했고, 또 길을 닦고 나서도 한밤중까지 걸어 집으로 가곤 했던 거야. 점심도 자기가 먹을 건 자기가 싸 가지고 와서.”

“정말 나빴어요. 그렇게 일 시키는 사람들.” (…)

“처음엔 일본 사람들이 그렇게 시켰는데 해방이 되고 나서는 우리나라 사람들이 똑같은 방식으로 그렇게 시켰던 거야. 그런 ‘인부’가 언제까지 있었는 줄 아니?” (…)

“그래. 그때는 새마을 운동이라는 걸 했거든. 주로 마을길을 닦을 때 인부를 나갔는데, 큰 장마가 내린 다음 길이 파이면 일 년에 몇 번 여기 대관령까지 인부를 나왔던 거야. (…) 아빠는 고등학교 일 학년 여름방학 때 할아버지 대신 인부를 나왔던 거고.”

“그런데도 데모 같은 거 안 해요?”

“나라에서 시키니까 으레 그렇게 해야 되는 걸로 알았던 거지. 이 길은 그렇게 닦고 넓힌 길이야. 자동차가 닦고 넓힌 게 아니라. (…) 그런데 이 길을 포장하고 나서 어떤 사람이 마치 자기가 처음부터 이 길을 닦은 것처럼 말했단다.”

“어떤 사람이요, 아빠?”

“이 길을 포장한 회사의 가장 높은 사람이 신문에서도 그렇게 말하고, 방송에 나와서도 그렇게 말했단다. 자기가 이 길을 닦았다고. 그때 아빠는 그 사람이 우리 할아버지와 아버지의 피와 땀을 모독하는 느낌을 받았단다. (…) 그 사람은 자기 회사의 이익을 위해 돈을 받고 이 길을 포장한 것뿐이거든. (…)”

–『아들과 함께 걷는 길』(이순원, 실천문학사)에서

아버지의 아버지, 또 그 아버지의 아버지가 품삯 한 푼 없이 이런 노역에 동원된 겁니다. 바쁜 농사철에도 내 일을 젖혀 놓고 의무적으로 나가야 했습니다. 할아버지는 일본인들에 의해, 아버지는 군사 독재 정권에 의해 세대를 이어서. 만약에 노역에 나가지 못할 경우 오히려 하루 일당에 해당하는 벌금을 내야 했습니다. 그런데 길을 닦아 놓자 시멘트 회사 사장이 포장을 하고 자기가 했다고 합니다. 이 시기에 국민의 노동력과 국비로 지원을 받은 회사들이 지금의 대기업으로 성장합니다.

이 장면에서 아들은 “그런데도 데모 같은 거 안 해요?”라고 묻습니다. 부당한데 왜 저항하지 않느냐는 뜻이겠지요. 여기에 대해 아버지는 나라에서 시키니까 으레 그래야 하는 건 줄 알았다고 답합니다. 여러분은 어떻게 생각하세요? 정말 나라에서 시키는 일은 어떤 희생을 감수하더라도 따라야 하는 걸까요? 지금은 아니라고 답할 사람들이 많겠지만, 그 시기에는 전쟁은 끝난 지 꽤 되었지만 남과 북이 갈렸고 좌익과 우익으로 나뉘어 정치적으로도 혼란스러웠어요. 게다가 가난했기 때문에 사람들이 스스로 옳고 그름을 판단하고 따질 여유가 없었습니다. 일제 강점기를 거치면서 주입된 패배 의식과 같은 민족끼리 전쟁을 한 못난 놈이라는 자괴감도 있었고요.

이런 상태에서 강력한 독재 정권이 힘을 발휘한 겁니다. 박정희가

쿠데타로 정권을 잡고 대통령이 되어 우리가 게을러서 못산다고 했어요. 잘살려면 더 부지런히 일해야 한다고 말이지요. 그런데 우리나라 사람들 지금도 그렇지만 열심히 일해요. 살림이 어려웠던 건 일제에 의한 오랜 수탈과 전쟁, 부패하고 무능한 지배층 때문이었습니다. 하지만 나라에서 계속 그렇게 말하니까 사람들은 정말 그런 줄 알고 스스로 억누르고 산 거예요. 일부, 깨어 있는 지식인들은 끊임없이 저항했지만 대부분의 국민들은 저항하지 못했습니다. 나중에 이를 깨달은 국민이 독재 권력을 무너뜨리고 민주주의 역사를 이루게 됩니다만 당시에는 많은 사람이 그랬습니다. 처음 강의 시작할 때 우리 몸은 이미 역사적인 존재라고 말했어요. 데모 같은 것을 못 한 이유는 아마도 거기에도 있을 거예요.

새마을 운동과 어머니의 집 – 이청준의 「눈길」

　이청준이라는 작가도 자기 경험을 고백함으로써 자기를 발견하고 발전시켜 나가는데요. 그런 작가의 모습이 드러난 대표적인 작품이 1977년에 발표한 단편 소설 「눈길」입니다. 고향을 떠나온 지 15년이 넘도록 찾지 않던 고향의 어머니를 만나고 쓴 작품인데요. 소설에서는 어머니를 '노인'이라고 불러요. 어머니와 친하지 않았던 작가는 이 작품을 쓰면서 어머니와 화해를 합니다.

　이 작품을 읽으면 공동체가 어떤 역할을 했는지 알게 돼요. 또, 새마을 운동이 우리 삶의 순수한 아름다움과 원초적인 기운을 제거했다는 느낌이 들지요. 그러니까 어떤 이야기의 증표가 되는 장소나 사물, 분위기를 제거했다는 말입니다. 그럼 살펴볼까요.

"집집마다 모두 도당 아니면 기와들을 얹는단다."
노인은 처음 남의 말을 하듯이 집 이야기를 꺼냈었다. 어제저녁 때 노인과 셋이서 잠자리를 들기 전이었다. 밤이 이슥해서 형수는 뒤늦게 조카들을 데리고 이웃집으로 잠자리를 얻어 나가고, 우리는 노인과 셋이서 그 비좁은 오두막 단칸방에다 잠자리를 함께 폈다.
어기영차! 어기영…… 그때 어디선가 밤일을 하는 남정들의 합창 소리가 왁자하게 부풀어올랐다.

–『눈길』(이청준, 열림원)에서

도시에 사는 아들과 며느리가 노인이 계신 시골집으로 내려와 하룻밤을 보내며 이야기를 나눕니다. 윗글에서 손님이 오면 형수와 아이들이 이웃집에서 하룻밤 신세를 져야 한다는 서술에서 단칸방이란 방이 하나밖에 없는 집이라는 것을 알 수 있지요. 지금은 상상하기 힘들겠지만, 1970~1980년대 농촌에서는 손님이 오면 방을 내주고 이웃집에 가서 자는 것이 자연스러웠다고 해요. 공동체가 살아 있어서 서로의 사정을 잘 알고 품앗이를 해주며 살았기에 가능한 일이었을 거예요.

밤중에도 지붕을 개량하는 일꾼들의 소리가 계속 들려옵니다. 그래서 시작된 어머니의 말씀을 애써 무시하고 아들은 잠을 청하지만, 어머니와 아내가 나누는 대화는 계속됩니다.

"동네가 너도나도 집들을 고쳐 짓느라 밤잠들을 안 자고 저 야단들이구나."

농어촌 지붕 개량 사업이라는 것이었다. 통일벼가 보급된 후로는 초가지붕 개초가 어렵게 되었댔다. (…) 지붕을 개량하면 정부 보조금 5만 원을 얻는다는 것이었다. (…)

도대체가 기와고 도당이고 지붕을 가꿀 만한 집 꼴이 못 되었다. 그래저래 노인도 소망을 지녀 볼 엄두를 못 낸 모양이었다. 이야기하는 말투가 영락없는 남의 일이었다. 하지만 사실은 그게 오해였다. 노인의 속마음은 그게 아니었다.

"관에서 하는 일이라면 이 집에도 몇 번 이야기가 있었겠군요?" (…)

"이장이 쫓아와 뜸을 들이고, 면에 나와서 으름장을 놓고 가고, …… 그런 일이 한두 번뿐이었으면야 …… 나중엔 숫제 자기들 쪽에서 사정 조로 나오더라." (…)

"사정을 해오면 나도 똑같이 사정을 했더니라. 늙은이도 사람인디 나라고 어디 좋은 집으로 손봐 살고 싶은 맘이 없겠소. 맘으로야 천번 만번 우리도 남들 같이 기와도 입히고 기둥도 갈아내고 하고는 싶지만 이 집 꼴을 좀 들여다보시오들, 이 오막살이 흙집 꼴에다 어디 기와를 얹고 말 것이 있겠소……."

통일벼란 품종을 개량해서 정부에서 보급한 벼를 말해요. 토종 벼는 밥맛이 좋고 키가 커서 초가집 지붕을 엮기에 좋았지만 수확량이 적었어요. 반면에 통일벼는 쌀 수확량은 많았지만 밥맛이 없고 키가 작아 지붕을 엮기가 어려웠어요. 어머니는 정부에서 지붕을 개량하라고 보조금을 줘도 다른 비용이 만만치 않아서 지붕 개량이 힘들었지요. 다들 새로 집을 바꾸는데 어머니만 낡은 초가에서 살고 싶지는 않았을 거예요. 돈이 없어서 못하는 것인데도, 이장도 와서 권하고 면에서도 누가 나와 으름장을 놓았다는 것으로 보아 지붕 개량 사업을 획일적으로 강제했다는 것을 알 수 있어요. 관청에서는 실적을 높이려고 계속 어머니를 설득했던 모양입니다. 당시에는 실적이 좋은 군수에게 상을 주기도 했지요.

이 소설의 배경이 되는 1970년대 초가집은 가난의 상징이었어요. 따라서 부수어 없애 버리거나 바꾸어 버려야 할 대상이었지요. 초가집뿐만 아니라 전통의 생활용품과 살림살이 도구가 모두 그런 취급을 당했어요. 유기, 목기, 도자기, 가구 등이 고물 장수에게 헐값으로 팔려나가고, 그 대신 스테인리스, 비닐, 플라스틱, 함석 같은 재료로 만든 상품이 밀려오던 시기입니다. 불과 30~40여 년만 지나도 그때 마구 내다 버린 것이 귀한 것이었다는 것을 알게 될 것을, 국가가 나서서 우리 것은 열등하고 낙후한 것이니 새것으로 바꿔야 한다고 강조하고 강제까지 했던 것입니다. 이런 상황에서 사람들은 알게 모르게 패배적이고 자기 비하적인 의식을 갖게 되었고, 권력으로 통치하기도 쉬워졌지요. 앞서 말했듯 새마을 운동을 벌이면서 우리 눈에 보이지 않는 중요한 것도 잃어버리게 되었고요.

　　그런디. 이것만은 네가 잘못 안 것 같구나. 그때 내가 뒷산 잿등에서 동네를 바로 들어가지 못하고 있었던 일 말이다. 그건 내가 갈 데가 없어서 그랬던 건 아니란다. 산 사람 목숨인데 설마 그때라고 누구네 문간방 한 칸이라도 산 몸뚱이 깃들일 데 마련이 안 됐것냐. 갈 데가 없어서가 아니라 아침 햇살이 활짝 퍼져 들어 있는디. 눈에 덮인 그 우리 집 지붕까지도 햇살 때문에 볼 수가 없더구나. 더구나 동네에선 아침 짓는 연기가 한참인디 그렇게 시린 눈을 해갖고는 그 햇살이 부끄러워 차마 어떻게 동네 골목을 들어설 수가 있더냐. 그놈의 말간 햇살이 부끄러워져서 그럴 엄두가 안 생겨나더구나. 시린 눈이라도 좀 가라앉히자고 그래 그러고 앉아 있었더구나…….

어머니는 오두막 단칸방에 살기 전에는 넓은 집에 사셨어요. 그런데 죽은 큰아들이 술버릇이 고약해 집까지 팔아먹었지요. 당시 그 소식을 들은 고등학교 1학년인 작은아들이 고향을 찾아왔는데, 어머니는 새 주인에게 부탁해서 옛집에서 작은아들과 함께 하룻밤을 지내요. 위 인용문은 새벽에 아들을 배웅하고 혼자 마을로 돌아오는 길에 노인이 작은 언덕에서 마을을 내려다보았을 때의 느낌입니다.

집은 혼자 남은 어머니에게 유일하게 의지할 곳입니다. 그런데 어머니는 그 집을 잃었고 아들은 도시로 떠나고 몸만 홀로 남은 것입니다. 아침 햇살은 쏟아지는데, 어머니가 평생을 살아온 집은 저기 저렇게 있는데 그 집은 어머니가 들어가 쉴 수 있는 집이 아닙니다. 눈이 시렸다고 한 것으로 보아 의지할 곳을 잃어버리고 절망했을 어머니가 슬픔을 억제하고 있다는 느낌이 있습니다. 그러나 어머니는 그것 때문이 아니라고 말합니다. 다행하게도 그 시대는 공동체가 살아 있어서 남의 집 문간방에 같이 살면 된다고 말합니다.

어머니가 잿등에 머물렀던 것은 '말간 햇살이 부끄러워서' 라고 말합니다. 이게 무엇을 의미하는 것일까요? 이 부분의 분위기는 의미를 알 수 없는 아득한 거리와 순수, 무엇인가가 움직이는 듯한 웅얼거림, 말이나 글로 표현할 수 없는 어떤 기운 같은 것이 있습니다. 만약 어머니가 내려다보는 곳이 아파트촌이라고 생각해보세요. 눈이 시린 아름다움을, 햇살을 통한 부끄러움을 느낄 수 있었을까요? 저는 이 대목이 아마도 작가가 15년 만에 고향에서 발견한 기운이었을 것이라고 생각합니다. 15년을 서울에서 온갖 고생 하며 살다가 돌아왔을 때 반겨 준 어머니처럼 고향은 변하지 않고 원시적인 기운을 갖은 채 그대로 있었다는 것입니다. 이러한 기운을 다른 표현으로 원형적인 분위기라고 할 수 있을 것 같은데, 이런 분위기가 문학 작품의 상상력을 더하는 구실을 한다고 생각합니다.

'근대화'와 잃어버린 집의 기억 ─ 황선미의 『바람이 사는 꺽다리 집』

다음은 2010년에 발표된 황선미의 장편 소설 『바람이 사는 꺽다리 집』이에요. 지금까지는 어른의 눈으로 본 새마을 운동이었다면 이번에는 어린이가 본 새마을 운동입니다. 어린이의 눈에 새마을 운동이 어떻게 비쳤는지 살펴보기로 할까요.

> 오빠는 새마을 운동 웅변대회에서 당당히 6학년 대표로 군수님 상을 받았다. 군수님은 나랏일로 바빠서 못 오셨다며 대신 상을 준 면장님이 오빠의 어깨를 툭툭 쳐 주기까지 했다. 태일이도 똑똑하게 잘했지만 "새마을 운동이야말로 어린이의 희망찬 미래라고 이 연사 힘차게 외칩니다!" 하며 탁자를 꽝 치기까지 한 오빠를 당해 내지 못했다.
>
> ─ 『바람이 사는 꺽다리 집』(황선미, 사계절)에서

이렇게 새마을 운동은 어린이의 생활에까지 파고들었습니다. 국가 권력이 어린이에서 노인까지 전 국민을 동원하고 통제하던 시대였습니다. 하지만 이 책에는 "면사무소 담벼락에는 늘 새마을 운동 표어나 포스터 같은 게 붙어 있었는데, 거기에는 껍데기 개혁, 독재 정권 타도와 같은 글씨들이 휘갈겨 쓰여 있었다"는 내용도 나옵니다. 한편에서는 국가 폭력에 대한 저항도 끊이지 않던 시절이었지요.

아까 「눈길」에서도 보았지만, 이때는 지붕 개량 사업이 전국적으로

시행될 때입니다. 이것저것 상황을 고려하지 않고 무리하게 힘으로 밀어붙였기 때문에 크고 작은 부작용과 사건이 불거질 수밖에 없었어요. 소설에서는 이런 일이 군데군데 그려져 있습니다.

군수님을 본 것은 길거리에서였다. 온통 불길에 휩싸인 거리. 학교에서 나오는 아이들은 모두 놀라서 우왕좌왕했다. 공부 시간에도 왠지 밖이 어수선하다는 느낌이 들었지만 길거리가 온통 불길이 된 줄은 몰랐다. 그것도 일부러 낸 불길. 거기에서 군수님이 확성기에 대고 뭐라고 떠들고 있었다. 정말이지 들리지도 않는 말을 떠들어 대고 있었는데 면장님과 공무원들은 이따금씩 박수까지 쳐 주었다.

나는 어안이 벙벙하여 불타는 거리를 바라보았다. 멀쩡하던 집들이 무너지고 있었다. 초가지붕이 파헤쳐져 길거리로 쏟아져 내렸고 이내 불길에 휩싸였다.

지붕 개량의 실적을 올려 '모범 마을'을 만들겠다는 일념으로 「눈길」의 노인처럼 돈이 없어서 슬레이트나 함석지붕으로 집을 고치지 못하는 초가에 군수라는 사람이 불을 지른 거예요. 개인의 재산인 집에 불을 놓아 태워버리는 폭력을 휘둘렀던 것이지요. 이런 일은 지금도 일어나고 있답니다. 뉴타운을 만들겠다면서 용역 깡패를 동원하여 그곳에 사는 사람을 강제로 내쫓고 있지요. 그때나 지금이나 달라진 것이 별로 없습니다. 소설의 어린 주인공은 이렇게 묻습니다.

“왜 이러는데요? 왜 집을 부숴요?”

나는 몸이 달아서 아무한테나 물었다. 무너지고 있는 게 죄다 초가집들이었기 때문이다. 지붕을 뜯긴 집들은 곧 벽이 허물어졌다. 아침까지만 해도 집이었던 게 처참하게 무너지고 주저앉아 버린 것이다.

“지붕 개량한다고 안 하디. 조심해서 가라, 다칠라.”

대답을 다 듣기도 전에 나는 달렸다. 제발 집이 무사하기를 간절히 바라며. (…)

환경미화 때 써 붙인 표어, 칭찬받으려고 잘 그려 냈던 포스터가 생각났다.

마을길 넓히기, 화투 없애기, 지게 없애기, 초가지붕 없애기. 그게 이거였어. ‘초가지붕 없애기. 그게 이거였어……’

주인공은 자기가 열심히 만들었던 표어와 포스터, 이런 것이 결국 자기 집을 부수자는 얘기였다는 걸 그제야 알게 된 거예요. 어린 나이지만 뭔가 속았다는 생각이 듭니다. 살던 집이 불타 버리고 난 다음에는 외삼촌이 ‘꺽다리 집’판잣집을 반나절 만에 뚝딱 짓지요. 당연히 난방이 안 됩니다. 겨울엔 춥고 여름엔 너무 더워서 잠을 못 자요. 가족이 병에 걸리기까지 해요. 그래서 겨울철 너무 추운 날에는 이웃집으로 ‘피난’을 갑니다.

내부에 모든 게 다 있는 집이었다. 펌프, 마루, 방, 부엌, 나뭇단이 쌓인 광까지. 온기 가득한 집 안. (…) 어쩌면 이렇게 다를 수 있을까. 눈물이 핑 돌았다. 어쩌면 집에도 뿌리가 있나 보다. 공중에 뜬 꺽다리 집과 달리 흔들리지 않게 땅에 깊숙이 뿌리내린 집의 뿌리. 그러지 않고서야 이렇게 다를 수 있을까. 우리에게도 이런 집이 필요해.

잠시 피난을 간 이웃집은 꺽다리 판잣집과 너무나 다른 거예요. '내부'라고 한 것은 대문 안에 모든 것이 다 갖춰져 있는 '집 안'을 뜻해요. 초가에 살 때는 불을 때고 따뜻하게 지낼 수 있는 방이 있었고, 부엌이 있었고, 마루가 있었는데, 꺽다리 집에는 방도 마루도 부엌도 제대로 된 것이 하나도 없잖아요. 그런데 집주인은 찾아온 이웃 아이들을 못마땅해합니다.

"발 씻고 들어가."
우리는 시키는 대로 했다. 우물물을 퍼 올려 뭘 하자면 손가락이 떨어져 나가는 것처럼 추운 때인데도, 펌프에서 나온 물은 미지근했다. (…) 맨발로 마루에 올라도 발 시리지 않고 방이 아주 따뜻해서 추위 따위는 금방 잊었다. 그래도 나는 자꾸 아줌마 눈치를 보게 됐다. 아줌마가 그리 친절해 보이지는 않는다. (…)
조국 근대화를 이룩하려면 초가지붕을 개량해야 한다던 높은 분들. 조국 근대화란 도대체 뭘까. 이렇게 추운 밤에 잠자리에서 쫓겨난 우리한테는 조국 근대화보다 썩은 지붕이 더 필요한데.

마음이 불편해서 그랬는지 동생이 저녁 먹은 것을 토하기까지 합니다. 그래서 어쩔 수 없이 '꺽다리 집'으로 돌아오지만, 오히려 잘 됐다고, 춥지만 내 집이 편하다고 생각하게 되지요. 어린 주인공은 마음에 얼마나 많은 상처를 받았을까요?

작가는 어린 주인공의 입을 통해 고백합니다. 애, 어른 할 것 없이 온 마을 주민을 동원해서 멀쩡한 집을 부수던 시절, 자기는 새마을 운동이라는 이름으로 행해진 폭력에 저항하지 못했노라고. 비록 어려서 그랬다고는 하지만, 표어 짓기, 포스터 그리기, 웅변대회 같은 행사에 열심히 참가하여 새마을 운동 정신을 찬양하고 전파하는 데 이용당했던 자기가 부끄럽다고. 어쩌면 작가는 어린 시절의 자화상을 보여 주면서 오늘을 사는 우리에게 질문을 던지고 있는지도 몰라요.

요즘도 밀어붙이기식 개발은 여전하잖아요. 계속되는 재개발로 인해 가난하지만 정겹고 소박하게 살아온 마을과 집을 잃은 서민 계층이 외곽으로, 더 먼 외곽으로 밀려나는 철거의 역사가 계속되고 있어요. 재개발 지역 주민을 강제로 쫓아내려고 용역 깡패를 동원하기까지 합니다. 그래서 '용산 참사' 같은 비극이 생겼지요. 그렇게 내몰리는 사람들, 그들이 누구일까요? 우리나라가 경제적으로 이만큼 발전을 이룬 것은 낮은 곡식 가격으로 희생당한 농민과 낮은 임금으로 고통받은 노동자 덕분이에요. 그렇기 때문에 이 사람들을 홀대해서는 안 됩니다. 새마을 운동과 재개발 사업, 그리고 지금의 뉴타운은 서민을 홀대해 온 역사의 연장선상에 있어요.

재개발과 뉴타운의 문제는 또 있어요. 동네 자체를 밀어버리고 고층 아파트를 지으면, 마을에 뿌리내리고 살아온 사람들뿐만 아니라 동네 곳곳에 녹아 있던 삶의 흔적과 이야기가 함께 사라진다는 것입니다. 사람이 살아온 공간에는 그 마을의 역사와 삶의 온기가 녹아 있고 이야기가 살아 숨 쉬고 있는데, 재개발 사업은 그런 이야기를 순식간에 파괴해 버립니다. 그 지역과 연고가 없는 낯선 사람들이 입주하여 이웃이 누구인지도 모른 채 외딴 섬처럼 살아가요. 마을의 역사와 이야기로부터 단절된 우리네 삶은 정신적으로 공허해지고 척박해집니다. 쓸쓸하고 외로워져요. 사회 전체가 고립감과 외로움으로 가득 차게 되지요. 예전에 내가 살던 공간이 그대로 있고 거기에 나를 기억해 주는 사람들이 살아가고 있다면, 외로울 때 친구가 있어 주는 것처럼 사람들은 안정을 되찾고 마음이 따뜻해지겠지요. 대를 이어 한 마을에 공동체를 이루고 산다는 것은 그런 점에서 중요해요.

앞에서 예로 들었던 이청준의 소설 「눈길」에서도 노인은 집이 팔려 돌아갈 집이 없어도 걱정을 안 하거든요. 다만 "누구네 집 문간방"에 살면 된다고 말하지요. 1970년대만 해도 이렇게 공동체가 살아 있었어요.

이렇게 보더라도 이제는 재개발이 아닌 보존이 필요해요. 지금 한옥 마을 보존 지구에는 서울시에서 많은 돈을 지원해 주고 있어요. 저는 뉴타운을 만든다고 밀어 버릴 것이 아니라 달동네에도 국가나 지방 자치 단체에서 지원을 해 주어야 한다고 생각해요. 달동네에 사는 사람들은 그 동네의 역사와 삶의 다양한 모습과 그 동네의 이야기를 유지해 주잖아요. 우리 모두가 한옥이거나 아파트에만 사는 것이 아니라 달동네와 같은 골목과 이야기가 살아 있는 마을이 있다는 것이 얼마나 아름다워요. 어느 저명인사가 살았던 집, 누구누구의 생가 터 같은 역사책에 나올 법한 집들도 중요하겠지만, 욕쟁이 할머니 집, 떡 방앗간 할배 집처럼 친근한 이웃들의 이야기를 품고 있는 골목 집들도 중요합니다. 이런 집들은 조금 지저분하고 거칠지만 그런 것에서 편안함을 느끼고 위로를 받게 됩니다. 그런데 그 마을에 사는 사람들이 가난하여 집의 안락함을 느끼지 못하고 위생적이지 못한 삶을 산다면 쾌적하게 살도록 도와줘야 하지 않을까요? 그 동네 사람들이 그곳을 떠나지 않고 그 집에서 편안하고 행복하게 이야기를 만들며 살아갈 수 있게 말이지요. 그것이 그분들을 위한 일이면서 동시에 우리 모두가 행복하게 살 수 있는 길이라고 생각합니다.

다른 눈으로 보기

처음 강의를 시작할 때 우리 몸은 이미 역사적 존재라고 말했어요. 역사적 존재에는 긍정적인 의미만 있는 것은 아닙니다. 우리 몸에는 부정적인 측면도 배어 있잖아요.

일제 강점기, 새마을 운동을 거치면서 우리 것은 못나고 없애야 할 것이라고 주입받았어요. 각 지방마다 서로 다른 마을의 유래, 샤머니즘적인 설화나 민담, 전설, 풍속, 전래 동요, 입으로 전해 오던 소소한 이야기, 사실 같기도 하고 아닌 것도 같은, 활성화되지 않은, 언어 이

전의 세계의 분위기를 조사하고 채록하고 평가하고 판단하고 정리하는 일이 거의 이루어지지 않았어요. 그 대신 유기그릇, 도자기 내다 버리고 양은 냄비, 플라스틱 그릇 들여오듯, 서양의 문물과 지식을 받아들였지요. 서양 문물의 갑작스러운 등장으로 인해 눈에 확연히 보이지 않고 두런거리는 이야기는 대부분 사라진 것 같아요. 이런 기운이야말로 상상력의 바탕이 되고 문학이든 철학이든 무엇이든 창조하는 기반이 되는데도 말이지요. 그런 뜻에서 문화 예술의 보고이자 원천이 되는 것이 일제 강점기와 새마을 운동을 거치면서 대부분 사라졌다고 볼 수 있어요. 다양한 소재를 바탕으로 한 문학 작품들이 우리 문단에 나오지 않는 것은 시대적인 영향도 있지만 '이야기의 근원'을 거세당했기 때문이 아닐까 생각됩니다.『섬』,『백 년 동안의 고독』이라든지『해리포터』,『나니아 연대기』같은 작품은 샤머니즘적인 설화라든지 민담 같은 환상적인 이야기가 살아 있는 토양에서 나올 수 있는 작품이거든요.

새마을 운동 덕분에 가난하던 시절에 먹고 살 수 있었다고 말하는 어른들이 있지만『바람이 사는 꺽다리 집』에서처럼 지배자의 눈에 보기 좋게 하기 위해 많은 사람들이 육체적으로 정신적으로 고통을 당했고 이야기의 근원을 거세당했고 문화의 다양성을 상실했어요. 체념적이고 자기비하적인 사고를 하게 했고요. 이거 말고 다른 것도 많지만 문학과 집에 관련된 이야기만 했어요.

『홍길동전』에서 보듯이 유교 사상이 전통적인 한옥의 양식을 만든 것처럼, 새마을 운동은 70~80년대 농촌의 집을 모두 똑같이 함석지붕이나 슬레이트 지붕으로 바꿔놓았어요. 90년대 이후 산업화된 도시는 대부분 아파트의 주거 형태로 바뀌었고요.

집이 한 시대의 사회와 제도가 반영된 사상의 구현이듯 문학 작품도 그 시대를 반영해요. 그렇지만 문학 작품은 시대를 초월하는 상상력을 발휘하기도 합니다. 또, 집은 내가 살기 위해 짓지만 문학 작품은 내가 읽기 위해 쓴다기보다는 자기 고백을 통해서 인간의 구원과 해방을 추구하고 다른 사람들과 공감하기 위해 쓰는 것이지요. 그 공감이 작가 자신과 독자에게 위로가 되고 힘이 되기도 하고요.

이러한 문학 작품을 대할 때, 자신도 모르게 우리 속에 주입된 지배자의 논리로 보기가 쉬워요. 우리가 한옥에 갔을 때도 대부분 주인의 입장에서 공간을 상상하지 하인의 입장에서 생각하지는 않잖아요. 문학 작품을 읽을 때나 어떤 공간을 볼 때, 『홍길동전』의 승상보다는 춘섬이와 같은 약자의 눈으로 작품을 보고 세상을 보는 것도 필요하다는 말을 하고 싶었습니다. 마치겠습니다. 질문 있으면 해 주세요.

청소년 이미 많은 사람들이 아파트에 살고 있잖아요. 어떻게 하면 아파트에 살면서도 공동체를 이루며 잘 살 수 있을까요?

이재성 아파트에서도 공동체를 만들어 살아가고자 하는 노력이 이루어지고 있어요. 예를 들면 수원 칠보산 아파트 공동체라는 게 있어요. 여기서는 마을 신문을 같이 만들고 자유학교라는 대안 학교를 세워서 공동으로 아이들을 키우며 함께 어울려서 살고 있는데요. 엄마가 외출할 때는 이웃집에 어린아이랑 기저귀를 맡기고 나갈 수 있을 정도로 친밀한 관계가 형성되어 있어요. 또, 갑자기 손님이 왔는데 밥이 없으면 옆집에 전화해요. 밥 좀 있으면 한 공기 보내 달라고. 이런 일을 통해 인간적인 삶을 공유하고자 하는 것이지요.

부산에는 물만골 공동체가 있어요. 여기는 원래 철거 지역으로 아파트가 들어설 계획이었지요. 그런데 여기 살던 사람들이 아파트가 들어서는 재개발을 반대하고 스스로 자립하기 위해 공동체를 결성합니다. 이때가 1992년인데요. 당시가 어떤 시절이었느냐면 아파트 단지가 들어선다고 하면, 동네 입구에 경축 플래카드가 걸릴 정도였어요. 곧 부자가 된다고 생각했으니까요. 그런데 이분들은 벌써 작은 집에 사는 서민에게 아파트는 그림의 떡에 불과하다는 사실을 알고 있었어요. 지금은 마을 공동체를 통해 자원 재활용, 의류 생산, 건설, 의료 복지 등을 자체적으로 해결하고 있습니다. 심지어는 집도 마을 사람들이 함께 짓습니다. 옛날에는 집을 지을 때 마을 사람들이 함께 힘을 보태 짓는다고 그랬잖아요. 그분들은 지금 그렇게 하고 있는 거예요.

차곡차곡 쌓여 있는 삶의 흔적, 그것을 지우지 않고 유지하면서 공동체적인 유대감을 형성해 나가는 공간이 좋은 공간이라고 생각해요. 그런 공간이 되려면 사생활을 존중해야 하고 반상회에서 아파트 값 담합을 의논할 것이 아니라 아파트가 있는 곳의 장소성을 공부하면서 한 사람 한 사람이 평등하게 자기 이야기도 하고 마음으로 만날 수 있어야 해요. 부딪침이 없이는 아무 일도 일어나지 않으니까 우선 만나야겠지요.

집은 나에게 어떤 존재인가?

조광제

철학아카데미 운영위원

집은 우리를 둘러싼 모든 것입니다.

가족이 될 수도 있고, 동네가 될 수도 있고, 세계가 될 수도 있고, 자연이 될 수도 있습니다.

그렇기에 우리는 각자의 집 개념을 가능한 한 크게 넓혀야 합니다.

이때 공감이 필요합니다. 다른 사람의 마음을 이해하는 능력, 자연과 소통하는 능력,

이런 것들을 바탕으로 한 삶을 '모둠살이'라고 해요.

조광제

2000년에 대안 철학 학교인 '철학아카데미'를 설립하여 대표를 거쳐 현재 운영위원으로 일하고 있다. 한국 프랑스철학회 회장 일을 하기도 했다. 교도소를 비롯한 여러 지역 공동체, 문화 센터 및 미술관 등에서 강의를 통해 철학적 사유를 확산시키는 데 힘써 오고 있다. 1,000회 이상 강의를 한 철학 전파자이기도 하다.

집은 나에게 어떤 존재인가?

반갑습니다. 오늘은 집에 대해 철학적으로 접근해 보는 시간입니다. 친근하지만 쉽지 않은 주제인 거 같아요. 강의를 준비하면서 그동안 집에 관해 너무 생각을 안 해 보았구나 하고 반성하기도 했습니다.

우리가 집이라고 할 때는 두 가지 의미가 있는 거 같습니다.

첫 번째는 건축물을 가리키는 겁니다. 우리가 사는 곳, 구체적인 형태의 구조물이죠. 아파트, 단독 주택, 연립 주택 하는 식입니다.

두 번째는 수업 끝나고 친구들끼리 "야, 우리 집에 가자"라고 했을 때의 그 '집'입니다. 여기서는 나의 '생활공간'이라는 뜻입니다. 집에 가면 가족이 있죠. 어머니나 아버지, 형제, 자매가 함께 산다면 말이에요. 내 방이 있다면 그곳엔 즐겨 보는 책이나 학용품이 있을 것이고, 거실에는 TV나 예컨대 어머니가 좋아해서 키우시는 식물도 있을 겁니다. 건축물 안에 '생활'이라고 하는 것이 결합하여 있는 것이죠. 내가 친구들을 '집'으로 초대했을 때는 그 공간에서 함께 무언가를 하자는 뜻이 있는 거예요. 이때의 '집'은 단순히 시멘트로 지어진 건물을 의미하지만은 않습니다.

그리고 '집'과 비슷한 의미로 '집안'이라는 말도 쓰입니다. '집안'이 뭔가요? 우리 집안 너희 집안 할 때, 물리적인 공간을 의미한다면 '집'의 '안' 쪽이라고 해석해야겠지요. 하지만 '집안'에는 '가문' 즉, 나와 나를 포함한 가족의 내력이라는 뜻이 있습니다. 사람 간의 관계가 '집'과 결합한 경우입니다. 이처럼 '집'은 물리적인 공간이며 생활의 공간인 인간관계를 포괄하는 넓은 뜻으로 쓰이는 것입니다.

이상향이자 근원으로서의 집

집의 개념에 대해 좀 더 생각해 볼까요? 어떤 것의 개념을 볼 때 우리는 그 '근원'을 살펴볼 필요가 있습니다. 여러분, 사람이 어디에서 태어나요? 어머니의 뱃속, 즉 자궁이라고도 하는 아기집입니다. 여러분이나 나나 모두 어머니의 뱃속에서 열 달을 지내다가 나오잖아요. 모든 사람이 그렇습니다. 우리의 근원, 최초의 집인 셈입니다. 그 안에 있는 아기는 안전하고 편안합니다. 태아가 느끼는 감정이 어느 정도일지는 모르지만 아마도 행복해할 것 같습니다. 부족함이 없으니까요. 어머니의 뱃속에서 아기는 집과 내가 분리되어 있지 않은, 완전히 하나가 되어 있는 상태라고 할 수 있습니다. 공간이 곧 자기 자신인 거예요.

지금 우리가 앉아 있는 이곳, 비어 있는 공간이지요? 왔다갔다할 수 있습니다. 그 말은 곧 공간과 내가 분리되어 있다는 얘기입니다. 하지만 아기집 안에 있는 아기는 움직일 수 있는 공간이 거의 없어

요. 집하고 아기가 완전히 한몸이라고 할 수 있다는 겁니다. 아기집
의 바깥은 또 엄마의 몸입니다. 엄마 몸 안에 아기집이 있고 그 안에
아기가 있는, 이런 식이지요. 이렇게 분리되지 않은 공간에서 아기는
먹고 자고 생활합니다.

최초의 집이었던 어머니 뱃속에서 우리는 그렇게 완벽한 일체감을
느끼며 자라다 세상 밖으로 나오는 것입니다. 집과 내가 '분리'되는
것이죠. 그 순간 아기는 엄청난 고통을 느낀다고 합니다. 왜 그렇습
니까. 완전히, 편안하기 이를 데 없는, 완전한 곳에서 분리되는 거니
까요. 산모의 고통도 고통이지만 그 과정에서 아기가 느끼는 신체
적 · 정신적 고통도 크다는 겁니다.

아기와 엄마의 관계를 통해 인간의 정신세계를 살펴본 학자로 자
크 라캉Jacques Lacan이라는 사람이 있습니다. 라캉은 정신 분석학을
창시한 지그문트 프로이트Sigmund Freud의 이론을 현대적으로 재해
석한 인물입니다. 조금 어려울 수도 있지만 잘 들어 보세요.

아까 말씀드렸듯이 우리는 엄마 뱃속에서 지내다가 세상으로 '분
리'되어 나옵니다. 그런데 인간은 다른 동물들과 달리 아주 미성숙한
상태로 태어나요. 많은 동물들은 태어나자마자 걷거나 헤엄치잖아요.
새들도 알을 깨고 나오면 얼마 지나지 않아 홀로 날갯짓을 하면서 세
상 밖으로 나갑니다. 하지만 만물의 영장이라는 인간은, 묘하게도 미
성숙 상태로 태어나죠? 말도 못하고 걷지도 못합니다. 제대로 눈도 못
떠요. 아주 오랫동안 어머니의 손길이 필요합니다. 아기집에서 엄마
의 품으로 '집'을 옮기는 거예요. 아기집에 있을 때만큼은 아니지만,

이때도 아기와 엄마 품은 어느 정도 결합한 하나를 이룹니다.

그래서 갓난아기는 출산 때 잠깐의 불안과 고통이 있지만 다시 엄마의 품에 안겨 엄마와 완전히 하나가 되면서 크게 쾌감을 느낀다고 합니다. 라캉은 이걸 '주이상스 Jouissance'라고 명명했어요. 국내에서는 이걸 '향유'라고 번역하기도 합니다만 저는 '희열'에 더 가깝다고 생각합니다. 완벽한 집, 말하자면 엄마의 몸과 하나가 되어 있을 때의 희열이지요. 그래서 저는 집이란 근원적으로 '희열'이라고 생각합니다.

라캉은 인간이 이 희열 상태에 있다가 분리되어 사회로 나가는데 이 과정에서 고통과 상실의 경험이 따른다고 이야기합니다. 뭔가 잃어버렸다는 상실감을 느낀다는 거예요. 그래서 라캉이 보기에는 사람이 다 자라서 성인이 되어도 이런 근원적인 결핍을 느낀다는 거예요. 정체를 알 수는 없지만 뭔가 비어 있는 듯한 느낌, 그 자리를 채워야 할 것 같은 느낌, 라캉은 이것이 인간의 숙명 같은 거라고 합니다. 하이데거 같은 사람은 이걸 '불안'이라고 말하기도 했습니다. 어때요. 여러분도 그런 상실감과 결핍을 느끼나요?

라캉에게 인간의 근원적 결핍은 매우 중요한 문제로 다뤄집니다. 여기서 욕망이 시작되니까요. 채우고 싶은 욕망이 바로 그것입니다. 근원적인 결핍을 채우려는 욕망이죠.

아까 결핍이 숙명이라고 했는데요. 그 이유는 이런 결핍 없이 '사회화 과정'을 겪을 수 없기 때문입니다. 언제까지나 엄마 품에서 지낼 수는 없잖아요. 성장을 위해서는 엄마와 내가 한 몸을 이루었던 태아의 기억, 유아 시절의 완전한 쾌감, 그 희열을 잃을 수밖에 없다는 거예요. 중요한 것은 우리의 삶의 근원, 철학적으로 말해서 우리 존재의 근원에 그러한 것을 채우려는 욕망이 있다는 사실을 인식하는 것입니다.

지금까지 라캉의 이론을 말씀드린 이유는 완전한 집, 근원적인 집에 관해 말씀드리고 싶었기 때문입니다. 우리가 '집'이라고 할 때 그 이상향은 바로 아기집이라고 불리는 어머니의 자궁이 아닐까요? 화제를 잠깐 돌려서 영화 이야기를 해 보겠습니다.

카프카는 왜 성으로 갔을까?

여러분 혹시 〈내 친구의 집은 어디인가〉라는 영화 보신 분 있나요? 오래전 영화라 아마도 일부러 찾지 않으면 보기 어려울 텐데요. 이란의 압바스 키에로스타미 감독이 1987년에 만든 작품입니다. 그 내용을 잠깐 소개할게요.

한 초등학생이 학교에서 수업을 받습니다. 그런데 선생님이 너무 무서워요. 숙제를 안 해 온 아이에게 가혹한 벌을 줍니다. 당연히 아이들은 죽기 살기로 숙제에 매달리죠. 그러던 어느 날 집에 와 보니 가방 안에 짝꿍의 숙제장이 들어 있는 거예요. 큰일 났죠. (웃음) 이게 여기 있으면 짝꿍이 숙제를 못 하잖아요. 주인공 아이는 걱정이 태산입니다. 결국 어딘지 알지도 못하는 짝꿍의 집을 찾아가기로 해요.

엄마 아빠가 시키는 일도 미루고 찾아가요. 그런데 그 친구의 집이 어딘지 대략 알 뿐입니다. 물어물어 찾아가지만 이 집에 가도 저 집에 가도 짝꿍의 집이 아닙니다. 그러는 동안 날은 점점 더 어두워지죠. 주인공의 얼굴 역시 점점 더 어두워지면서 어쩔 줄 몰라합니다. 영화를 보는 관객들도 마음을 졸이게 돼요. 저 숙제장을 꼭 갖다 줘야 하는데, 안 그러면 내일 선생님한테 무척 혼날 텐데, 하면서 말입니다. 이렇게 영화는 짝꿍 친구를 찾아가는 한 아이의 짧은 여정을 담고 있어요.

우리 삶의 여정도 이와 다르지 않다는 게 제 생각입니다. 가장 오래된 집은 어머니의 자궁이 아닐까라고 말했습니다. 그런데 이 어머니의 자궁 역시 '내 친구 집' 처럼 찾아가고자 하지만 도무지 찾을 길이 없는 그런 곳이지요. 분명히 어딘가에 있고, 그곳으로 되돌아가야 하는데 도무지 그 집을 찾을 수 없는 것입니다. 영화에서 어린 주인공이 친구의 집을 찾아가듯 우리도 누구나 집을 찾아 헤맵니다. 아까 라캉 말씀을 드렸습니다만, 그게 집의 근원인 엄마 품일 수도 있고요. 하지만 그곳이 과연 있기는 한 곳일까요? 어쩌면 우리의 상상 속에서만 존재하는 곳은 아닐까요? 이미 떠나온 곳, 결코 돌아갈 수 없는 곳을 헛되이 찾는 건 아닐까요? 설사 찾는다고 하더라도 들어갈 수 없는 곳이지요. 하지만 그 집으로 돌아가고 싶은 무의식적인 생각을 버리기는 결코 쉽지 않습니다. 영화를 보는 내내 저는 그런 생각을 떨칠 수 없었습니다.

카프카의 소설 『성』도 이러한 부조리한 상황을 잘 그려 내고 있습니다. 주인공 K는 측량 기사입니다. 그런데 어느 날 일을 의뢰받습니다. 성을 찾아가죠. 일을 하려면 성으로 들어가야 합니다. 그런데 아무리 물어보고 찾아봐도 도대체 입구가 없는 거예요. 결국은 성 안에 들어가지 못합니다. 문이 열려 있는데도, 들어갈 수가 없는 이상한 상황입니다. 분명히 찾아서 들어가야 할 곳이 있는데, 그곳을 찾아갈 방도가 전혀 없는 것 같지도 않은데, 왠지 그 주변을 헤맬 수밖에 없다는 묘한 안타까움이 우리 인간의 삶을 수놓고 있다는 것이지요.

이 소설에서 성은 대체 뭘까요? 가야 할 곳, 목적지라고 할 수도 있겠죠. 사람에겐 누구나 목표라는 게 있잖아요. 여러분, 열심히 공부하죠? 운동을 하거나 음악을 듣거나 글을 쓰는 친구들도 있을 테고요. 하지만 꼭 뭐가 되려고 하는 건 아닐 수도 있습니다. 물론 좋은 대학에 가고자 한다거나 훌륭한 운동선수가 되고 싶은 마음도 있겠지만 명확하게 목적지가 그려져 있지 않은 경우가 많아요. 안개에 싸인 것처럼 모호한 거지요.

우리는 이를 바탕으로 여러 물음을 던질 수 있어요. '사람은 왜 태어나는가, 인생의 목표란 무엇인가?' 하는 개인적인 차원의 의문부터 '역사란 무엇인가, 역사란 과연 어디를 향해 흘러가는가, 과연 방향이 있기나 한 건가?' 하는 거창한 질문까지 말이죠. 물론 정답은 없습니다. 하지만 이런 질문들 역시 인간의 근원적 결핍과 관련지어 생각할 수 있다고 봅니다. 목적지가 어딘지는 알 수 없지만 잃어버린 그 무언가가 끊임없이 인간을 어딘가로 향하게 한다는 거죠.

가장 안온한 근원적인 집인 아기집, 즉 어머니의 자궁도 이와 비슷한 것 같습니다. 실제로 어머니의 몸속으로 돌아갈 수 있다, 혹은 없다고 하는 뜻에서 말하는 것이 아님을 여러분도 다 잘 알 것입니다. 이럴 때 쓰는 말이 '상징적'이라는 단어이지요. 원천적으로 내가 생겨나고 자라난 근원적인 집인 엄마의 아기집, 즉 자궁은 상징적으로 볼 때, 가장 안온하고 근원적인 집으로서 실제의 모든 집에 대해 집의 이데아와 같은 모델이 된다는 것이지요. 아기가 태어나고 난 뒤 수년간 떠날 수 없는 어머니의 품 역시 상징적으로 보아 아기집과 유사한 근원적인 집으로 작동할 것입니다.

어머니의 자궁과 엇비슷한 상징성을 띤 이야기가 또 있습니다. 성서에 창세기가 있습니다. "태초에 하나님이 천지를 창조하시니라"로 시작하죠. 이어서 우주와 인간이 어떻게 만들어졌는지를 알리고 있습니다. 또 창세기에는 유명한 선악과 이야기가 나오죠. 잘 아시겠지만 짤막하게 내용을 말해 보겠습니다. 하나님이 자신의 모습을 본떠 아담과 이브를 만듭니다. 그리고 에덴동산이라는 아름다운 곳에 두 사람을 살게 해요. 에덴동산에는 세상에서 가장 아름다운 열매라고 하는 선악과가 있습니다. 하나님은 아담과 이브에게 절대 따먹지 말라고 신신당부를 합니다. 겁을 먹은 아담은 선악과 근처에 얼씬도 하지 않습니다. 그런데 이브는 선악과 근처에서 계속 맴돕니다. 보기도 좋고 먹음직했거든요.

그런데 뱀이 옆에서 그 모습을 지켜보다가 이브를 유혹합니다. 한 번 먹어 보라는 거죠. 하지만 하나님의 경고를 떠올린 이브는 망설입니다. 그러자 뱀이 "먹어도 안 죽어. 걱정하지 마라. 죽기는커녕 이걸 먹으면 하느님처럼 눈이 밝아질 거야.” 합니다. 이 말에 용기를 낸 이브가 결국은 선악과를 냉큼 따서 먹어요. 아담에게도 줬는데 아담은 먹다가 목에 걸리죠. 뱀의 말은 사실이었습니다. 하나님 말대로 죽을 줄 알았는데 그게 아닌 거예요. 죽기는커녕 뱀의 말처럼 눈이 밝아집니다. 그래서 벗은 몸을 보고 부끄러움을 느끼게 되어 무화과나무 잎으로 몸을 가립니다. 그런데 옷은 문명을 상징합니다. 역설적이게도 하나님의 명령을 어기면서 인간의 역사가 시작되는 겁니다. 두 사람은 결국 에덴동산에서 쫓겨납니다. 그리고 카인과 아벨을 낳죠. 그 뒤 카인은 농사를 짓고 아벨은 양을 치게 됩니다.

둘만의 낙원이었던 에덴동산은 뭐죠? 인간의 근원이자 인류 최초의 집이라고도 할 수 있겠지요. 여기에서 쫓겨나면서 인간이 사회와 문명을 일구는 거예요. 물론 성경에 나오는 이야기이긴 합니다만, 그 안에는 오랫동안 인류의 정신세계를 지배했던 믿음이 반영되어 있다고 저는 생각합니다. 에덴동산은 인류에게 아기집이자 엄마의 품이었던 겁니다. 이상향이자 결핍의 근원입니다.

동양에도 이와 비슷한 곳이 있습니다. 신선이 살았다는 전설의 무릉도원이 바로 그곳입니다. 꿈인지 생시인지조차 알 수 없을 정도로 아름답고 평온한 곳입니다. 에덴동산과 무릉도원, 모두가 태초에 우리가 상실한 곳이자 끊임없이 찾고자 하는 곳입니다. 이상향이지만 결코 도달할 수 없는 곳입니다. 아까 카프카의 소설에 나오는 성이 그렇고, 라캉이 말한 엄마의 품이 그렇습니다. 그런 근원적 결핍을 대가로 인간은 사회와 문명을 키워 왔습니다. 문명이 고도로 발달한 현대 사회에서도 그런 이상향에 대한 추구가 끊이지 않는 이유가 여기에 있습니다. 오히려 사회가 복잡해지고 다양해질수록 잃어버린 낙원에 대한 열망도 커지는 경향이 있죠. 그래서 사람들은 묻습니다. 우리가 와 있는 곳, 우리가 가야 할 곳, 우리가 떠나온 곳은 어디인가? 철학은 그런 질문들에서 시작합니다. 정답은 없어요. 질문하는 과정, 잠정적인 해답을 얻게 되는 과정, 그 해답에 반문하는 과정의 연속입니다. 제가 강의를 시작할 때 집의 근원에 대해 질문한 것도 그런 이유입니다.

인간에게 '집'은 근원적으로 '잃어버린 장소'입니다. 지금 사는 집은 태초의 에덴동산이나 엄마 뱃속처럼 '완전한 집'이 아니에요. 그렇다면 이 '완전한 집'은 어디에 있을까요? 〈내 친구의 집은 어디인가〉에서 그랬듯이 끊임없이 찾아가야 하는 곳입니다. 우리가 태초에 떨어져 나온 그곳, 다른 말로 하면 유토피아일 것입니다.

유토피아Utopia는 그리스어 토포스topos에서 나온 말입니다. 토포스는 장소라는 뜻이에요. 그 앞에 'u'가 붙었죠? 'u'는 '부재'를 의미하는 접두사입니다. 따라서 유토피아란 토포스가 없는 상태 즉, 부재한 상태를 말하는 거에요. 역설적이게도, 존재하지 않는 곳이 바로 유토피아입니다. 갈 수 없지만 가고 싶은 곳. 인간은 숙명적으로 그곳을 향합니다. 그것은 인간을 움직이는 강력한 동력이에요. 그 한가운데에 '완전한 집'이라는 신화가 있습니다.

집의 안과 밖

여기에서 우리는 집 일반, 즉 집이라 일컬을 수 있는 모든 것들이 갖는 이중성을 생각하게 됩니다. 집을 벗어나지 않고서는 사회생활을 통해 이루어지는 인간다운 삶을 영위할 수가 없습니다. 그와 동시에 사회로부터 돌아갈 집이 없이는 사회적 인간으로서 활동할 수 있는 기초를 잃게 됩니다.

여러분, 밤늦게까지 공부하다가 집에 돌아가면 어때요. 엄마 품처럼 따뜻하고 편하지요. 가족이 있으니까요. 행여 집에 아무도 없다 하더라도 학교나 길거리보다는 편안한 느낌일 거예요. 밖에서 고생하다가 돌아오면 더 그렇죠. 몸은 피곤하고 고되지만 마음은, '아이고 살았다!' 이럴 거예요. 심지어 여행을 하고 난 뒤에 집에 돌아오게 되면 흔히 뭐라고 하나요? "집 떠나면 고생이다"라고 하지요. 그렇습니다. 집이란 나를 기다리는 식구들이 있고 그들로부터 '공부하느라고 고생 많았네.' 하고 위로를 받는 곳입니다. 샤워하고 자리에 누우면 모든 긴장이 풀어지면서 눈이 감기잖아요. 반대로 아침에 나갈 때는 어때요? 오늘 하루가 기대되기도 하지만 은근히 긴장이 되죠. 여러분만 그런 것은 아닙니다. 바깥에서 일하시는 여러분 부모님도 그럴 거예요.

하지만 모든 집이 이렇게 휴식과 안정을 주지는 않습니다. 조건이 있어요. 가족 간에 관계가 좋아야 합니다. 집에 갔더니 엄마 아빠가 싸운다, 이러면 기분이 어떻겠어요. 오히려 학교에 있을 때보다 더 피곤하겠죠. 집이란 그런 곳입니다. 집은 아주 오래전, 우리가 태어였을 때의 기억처럼 편안하고 안정적인 곳이에요. 현실적으로 그렇지 않더라도 마음속으로는 누구나 그런 집을 그릴 겁니다. 어쩌면 현실이 힘들수록 그런 집을 더욱 그리워하겠지요.

집과 그 바깥은 서로 다른 특성이 있습니다. 집은 변함이 없죠. 그래도 사람들은 지겨워하지 않습니다. 이상하죠? 우리가 매일 같은 반찬을 먹으면 질리잖아요. 학교 식당에서 매일 같은 메뉴만 나온다고 생각해 보세요. 화가 나겠죠. 하지만 집은 어때요. 학교 수업 마치고 집에 갔을 때, '또 집이야?' '또 엄마야?' 이러진 않잖아요. 어쩌면 그런 변함없음이 안정감을 주는지도 모릅니다. 반면에 사회는 어때요. 항상 새로운 것이 기다리고 있습니다. 어제 있었던 일이 오늘 그대로 되풀이되지는 않잖아요. 물론 학교나 직장 생활이 단조로울 수는 있습니다. 하지만 집에 비하면 생동감 있다고 해야 하나요. 매일 새로운 사건들이 생깁니다.

집은 안정감을 주기는 하지만 크게 새로움이 없습니다. 그래서 사람이 집에만 머물 수는 없습니다. 그랬다간 외톨이가 되기 십상이지요. 집에서 충분히 휴식을 취하고 그 힘으로 또 나가서 열심히 사회 활동을 하는 게 사람이잖아요. 사람이 올바로 성장하려면 사회적 관계를 통해 다양한 경험을 쌓아야 해요. 집과 그 바깥은 공존해야 합니다. 두 가지 모두가 소중한 것이에요.

몸이 아파서 집에 있어야 하는 분들, 예컨대 노인분들이나 장애가 있는 분들이 느끼는 소외감을 생각해 보세요. 집에 계속 있으면 어떻게 됩니까? 갑자기, '내가 살아 있는 거 맞나?' 이런 생각이 듭니다. 우리가 인간답게 살아가려면 집을 나서야 해요. 문을 열고 사회로 나가 다른 사람들과 함께 부대끼며 살아야 합니다. 그리고 저녁에 일을 마치고 돌아와 집에서 휴식을 취했을 때 뿌듯함과 보람을 느낄 수 있는 겁니다. 이것이 집이 가지는 이중성입니다. 머물고 싶지만 떠나야 하는 곳이죠. 그런가 하면, 떠나야 하면서도 늘 돌아가야 하는 곳이지요.

그리고 집과 그 바깥은 서로 영향을 미칩니다. 사회생활을 하다 보면 짜증 나는 일도 있고 기분 나쁜 일도 있고, 섬뜩한 일도 있을 수 있습니다. 집에 온다고 그런 일들이 싹 잊힙니까? 묵은 감정들도 함께 집으로 돌아옵니다. 시무룩해지거나 힘이 쭉 빠져서 돌아오지요. 예컨대 여러분 부모님이 회사에서 안 좋은 일이 있었다고 생각해 보세요. 티가 나잖아요. 눈치를 살피게 됩니다. 반면에 부모님 얼굴이 싱글벙글해요. 그럼 덩달아 기분이 좋아지잖아요. 사회가 잘못되면 집에도 영향을 줍니다. 반대로, 가족들끼리 너무너무 잘 지내고, 공감도 잘 되고 대화도 잘 되는 그런 집에 사는 사람이 사회에 나갔어요. 그럼 어때요? 긍정적인 감정을 갖고 사회생활을 하겠죠? 그런 사람과 함께 지내면 기분이 좋아집니다. 말하자면, 집과 사회의 관계는 선순환이 될 수도 있고 악순환이 될 수도 있는 거예요.

그리고 보면, 집과 사회는 우리의 삶을 구축해 나가는 데 큰 두 축이 아닐 수 없습니다. 그래서 무조건 대립하는 것으로 볼 수 없는 까닭을 생각하게 됩니다. 설사 그 성격이 다르다고 할지라도, 사회를 큰 집으로, 집을 작은 사회로 보아야 하는 것 아닌가, 그래서 사회 속에 집의 성격을 확산시키고 집안에 사회적인 활력을 불어넣어야 하는 것 아닌가 하는 생각을 하게 됩니다.

세상엔 많은 사람이 살아갑니다. 사람마다 새로운 생각과 새로운 느낌을 한 가지씩은 다들 가지고 있죠. 집에만 갇혀 있으면 우리가 이런 걸 나눌 수가 없어요. 고인 물이 썩는 이치예요. 집과 가족은 중요합니다. 그리고 인간인 이상 엄마 품처럼 편안한 안식처를 찾아가게 되어 있어요. 이걸 잘못됐다고 말할 수 없습니다. 다만 이러한 지향을 개인 차원을 넘어서서 공동체 차원으로 승화시켜야 한다는 겁니다.

내가 사는 집만 집이 아니잖아요. 바로 옆에도 집이 있습니다. 내가 사는 동네에만 해도 수없이 많은 '집'들이 있죠. 그 집도 '우리 집'인 겁니다. '집'의 개념을 확장시키자는 겁니다. 그랬을 때 집과 그 바깥을 가르지 않고 더 큰 공동체라는 집에서 일체감을 느끼며 행복하게 살 수 있지 않을까요?

집은 어떤 존재인가

이런 정도로 집에 대한 원리적인 이야기를 하고 나니, 실제로 집이 어떠해야 하는가 하는 구체적인 문제에 접근할 수 있을 것 같습니다.

우리는 '우리 집'이라는 말을 참 많이 합니다. '내 집'이라는 말이 전혀 쓰이지 않는 것은 아니지만, 왠지 말하기가 거북스러운 건 사실이지요. '내 방'이라는 말은 충분히 자연스럽습니다. 집과 방이 그렇게 다른 것이지요. 앞으로 핵가족화를 넘어서서 1인 가구가 점차 늘게 되고, 그에 따라 말글살이가 정착되면 '내 집'이라는 말도 자연스럽게 들릴지 모르겠습니다.

그런데 '우리 집'이라고 할 때, 그 '우리'는 앞서 말한 가족이겠지요. 그리고 그 가족은 완전하고 절대적인 공감을 바탕으로 한 것이지요. 그러니까 '우리 집'은 '완전하고 절대적인 공감을 바탕으로 한 집'으로 풀이됩니다. 문제는 그런 '우리 집'을 실제로 우리가 사는 물리적인 구조물로서의 집과 어떻게 연결시킬 것인가 하는 것입니다.

'우리 집'은 '물리적인 집'이라는 물리적인 상태를 바탕으로 하되, 그 물리적인 상태를 넘어서서 충분히 감정적인 존재로 탈바꿈시키고 나아가 정신적인 존재로 격상시킬 수 있는 근거가 됩니다. 이것이 어떤 뜻인지를 내가 사는 집을 예로 들어 생각해 보기로 합니다.

내가 사는 집은 '서울시 은평구 녹번동'이라는 행정적인 이름을 갖고 있습니다. 이름은 거창합니다만, 아담한 연립주택입니다. 편의상 이를 '녹번동 집'이라 부르기로 합니다. 불행히도 나는 자식이 없어 아내와 함께 둘이서 살고 있습니다. 아내는 그림을 그리는 화가인데, 특별히 작업실이 없어 조그마한 방에서 그림을 그립니다. 나는 근 40년 가까이 철학 공부를 하는 사람이기 때문에 다른 방에서 책을 보고 글을 쓰고 합니다. 아내와 나는 조그마한 거실에서 텔레비전을 보기도 하고 신문을 보기도 합니다. 그리고 역시 조그마한 침실에서 같이 잠을 잡니다.

누군가가 우리 집을 방문하면, 아무래도 우리 집에 그림이 많이 걸려 있고, 책이 많이 있는 것을 눈여겨보게 되리라 생각됩니다. 이것들을 다 빼 버리고 ‘녹번동 집’을 생각할 수 있을까요? 예컨대 우리가 이 집을 팔면 다른 사람이 들어와 살게 될 것입니다. 그 과정에서 집을 차지하고 있는 우리 물건을 다 빼 버렸을 때, ‘녹번동 집’은 상당 정도 객관적이고 물리적인 집으로 돌아갈 것 같습니다. 그러나 엄격하게 말하면, 그 객관적이고 물리적인 집, 즉 아무도 살지 않는 집은 집이 아니지요. 여기에서 또 다른 생각을 하나 하게 됩니다. 우리 물건들을 다 빼낸 뒤, 새로 이사 올 집주인이 우리가 10년 이상을 살았던 ‘녹번동 집’을 볼 때, 과연 순전히 객관적이고 물리적인 집으로서의 ‘녹번동 집’을 보게 될까요? 그렇지 않을 것입니다. 왠지 10년 이상을 그곳에서 살았던 우리(나와 아내)의 삶의 흔적들을 보게 될 것이고, 그에 따른 묘한 분위기를 느끼게 될 것입니다.

다시 이야기를 돌려 봅니다. 나와 아내가 사는 현재의 ‘녹번동 집’은 ‘우리 집’과 분리가 되지 않습니다. 지금은 ‘녹번동 집’이 곧 ‘우리 집’이고, ‘우리 집’이 곧 ‘녹번동 집’입니다. 나와 아내가 함께 누리는 심리적이고 정신적인 그리고 무엇보다 전신적全身的인 공감이 그림과 책 및 ‘녹번동 집’을 채우고 있는 다른 물건들에 젖어들어 있습니다. 그래서 나는 ‘우리 집’인 ‘녹번동 집’을 참 좋아합니다. 평수로는 그저 16평 정도밖에 되지 않지만, 엘리베이터도 없고, 4층으로 올라가는 계단이 고급 대리석으로 된 것도 아니지만, 나는 ‘우리 집’인 ‘녹번동 집’을 참 좋아합니다. 이 집에는 지난 10년간 아내의 예술 작업의 흔적들이 곳곳에 배어 있고, 내가 책을 읽고 글을 쓰면서 쉴 새 없이 피워 댄 담배연기를 비롯해서 여러 흔적이 곳곳에 배어 있습니다.

어떤 집이든지 마찬가지입니다. 화려하고 거창한 '타워팰리스'와 같은 고급 아파트뿐만 아니라, 그 근처 서초동 산청마을에 있는 비닐하우스도 마찬가지입니다. 모든 집에는 그 집에 사는 사람들이 어떻게 삶을 살았는가에 대한 기초를 알 수 있는 흔적들이 잔뜩 배어 있습니다. 부유하면 부유한 대로, 궁핍하면 궁핍한 대로, 사회적인 권력이 강하면 강한 대로, 사회적으로 소외되면 소외된 대로, 평화로우면 평화로운 대로, 갈등이 깊으면 깊은 대로, 의식주에 급급하면 급급한 대로, 인문 예술적인 작업에 치중하면 치중하는 대로, 거기에 살았던 혹은 사는 사람들의 삶의 기초적인 흔적이 고스란히 배어 있는 것입니다. 그뿐만 아니라, 사회적인 삶의 내용들 역시 간접적으로나마 상당 부분 배어 있을 것입니다.

그러한 삶의 내용들을 빼 버리고 그저 객관적이고 물리적인 구조물로서의 집만을 생각한다는 것은 집에 대한 생각들 중 가장 현실적인 것 같지만, 실은 가장 위험하고 불행한 생각이 아닐 수 없습니다. 집은 그저 수단이 아닙니다. 어쩌면 삶의 목적이라고 해도 과언이 아닐 정도로, 집을 어떤 삶의 흔적으로 배어들게 할 것인가가 워낙 근본적이고 중요하기 때문입니다.

이렇게 보면, 집은 고정된 것이 아니라 살아 움직이는 역동적인 존재임을 알 수 있습니다. '움직이는 집'인 것이지요. 물론 그렇다고 해서 고정되어 움직이지 않는 객관적이고 물리적인 집이 중요하지 않다는 것은 아닙니다. 우리 인간들은 근본적으로 주변 사물들과의 관계를 통하지 않고서는 삶을 유지할 수 없고, 또 삶의 의미를 형성해 나갈 수 없기 때문입니다. 내가 추구하는 진정한 삶을 이루는 데 필요한 정도의 객관적이고 물리적인 구조물로서의 집이 있어야 합니다.

공감의 공간으로서의 집

자, 다시 집안으로 들어가 볼까요. 집에는 식구들이 삽니다. 가족이라는 게 뭘까요? 쉽게 말하면 혈연血緣, 즉 피로 맺어진 인연입니다. 왜 하필 '피'라고 할까요. 생존에 가깝기 때문이 아닐까요. 부모라면 자식이 위급한 상황에 부닥쳤을 때 몸을 사리지 않을 겁니다. 그 이유는 결코 정의감이 많아서가 아닙니다. 사람에게는 누구나 자기 '핏줄'을 지키고자 하는 '본능'이 있기 때문입니다. 그 위에 사랑이 더해집니다. 여러분 사랑이 뭡니까? 네, 서로 좋아하는 거죠. 상대방을 나만큼이나 아끼는 겁니다. 그런데 이런 '사랑'에는 인간만의 고유한 능력이 필요합니다. 바로 '공감'이에요. '공감'하지 못하는 사람은 사랑할 수 없습니다. 상대방의 느낌을 모르고 그 사람을 사랑한다고 할 수 있을까요? 우리가 서로 사랑한다고 말하지만 사실은 자기감정만 중요하다고 느낄 때가 많아요. 진정한 사랑은 공감에서 비롯합니다. 여러분 공감 잘하시나요?

부모님이 서로 공감하면 어때요. 대화도 잘 되고 집안 분위기도 좋지요. 여러분이 부모님하고 공감하면 어때요. 사랑받는 느낌, 인정받는 느낌을 받습니다. 불만이 별로 없어요. 사춘기가 왔을 때 많은 청소년이 부모와 갈등을 빚는 것도 바로 대화의 단절, 공감의 단절 때문입니다. 서로 마음을 오해하고 불신하면서 사이가 멀어지게 되죠. 물론 이런 모든 과정은 독립적인 성인으로 성장하기 위해 겪는 자연스러운 과정이지만요. 이 시기 갈등을 잘 극복하려면 서로 공감하는 능력을 키워야 합니다.

공감이 없으면 일방적인 사랑으로 흐를 가능성이 큽니다. 요즘은 그런 경우가 많지 않습니다만, 과거에는 선생님이나 부모님이 체벌을 했어요. 그러면서 뭐라고 해요. '사랑의 매'라고 하지요. 하지만 맞는 사람의 입장에서 결코 '사랑'이 아닌 경우가 많았습니다. '일방적인 사랑의 매'였던 셈이죠. 공감이 없으면 상대방은 강압으로 느낍니다.

또 하나, 공감 없는 사랑일 경우 빠져들 수 있는 게 집착입니다. 집착이 뭡니까? 상대방이 어떻게 느끼건 상관없이 나 하나만 좋으면 되는 거잖아요. 내가 느끼는 대로, 내가 필요한 대로 행동합니다. 그러고 보면 폭력과 집착은 사랑의 어두운 이면이기도 해요.

공감은 사람이 살아가면서 가져야 할 아주 중요한 능력이에요. 공감이 집에서 나와 사회적으로 자리 잡으면 공동체가 됩니다. 그냥 모여 있다고 해서, 생김새가 비슷하다고 해서 공동체가 아니에요. 그들만의 공감이 있어야 합니다. 흔히 하는 말로 '민족 공동체'라는 게 있습니다. 그런데 이런 말이 종종 우리끼리 잘 먹고 잘 살자는 배타적 국수주의로 흐를 때가 있어요. 공동체를 경제 단위, 지역 단위로 해석해서 생기는 일입니다. 만약 우리가 식민지 수탈과 전쟁의 경험을 함께한 사람들로서 평화를 지키고 전쟁을 막자는 '공감'을 토대로 공동체를 말한다면 어떻게 될까요? 진정한 의미의 공동체로서 인류의 발전에 기여하게 될 겁니다. 앞에서 말씀드렸듯이 이런 공감은 집에서 시작합니다.

우리가 평소 집에서 공감이 잘 되고 그러면 친구들도 자주 데려옵니다. 자신이 있는 거예요. 공감이 잘 되는 집에 가면 식구들이 잘해 줍니다. 내 아들, 딸, 동생처럼 대해 주잖아요.

여러분, 주변에 그런 집이 많이 있나요? 별로 없다고요. 왜 그럴까요? 아까 말씀드렸듯이, 우리나라가 특히 내 집, 내 가족을 중요시한다고 했잖아요. 그런데도 공감이 안 되는 집이 많다면 이건 뭘 의미하는 걸까요? 사회가 집에 안 좋은 영향을 미쳤기 때문입니다.

집과 사회의 상관관계

지금 우리는 승자 독식의 무한 경쟁 사회에 살고 있어요. 여러분만 해도 입시 공부에 쉴 틈이 없잖아요. 부모님은 부모님대로 힘들어합니다. 가족 구성원들이 각자 사회에서 상처를 받아요. 집에 돌아오면서 이때 입은 상처들이 고스란히 드러납니다. 상대에게 짜증을 내죠.

작은 일에도 화를 냅니다. 이건 여러분 가족이 나빠서가 아니에요. 무한정 대립과 경쟁을 부추기는 무서운 사회에 살다 보니 그렇게 되는 겁니다.

우리가 개인적으로 해결할 수 없는 사회 시스템이라는 게 있습니다. 자본주의라고 하는 것이 그렇습니다. 돈 많은 사람이 사회적 강자가 될 수밖에 없어요. 한편으로 우리나라를 '자유 민주주의'라고 하잖아요. 하지만 자본주의를 경제 원리로 운용하는 나라에서 자유는 극히 제한적일 수밖에 없습니다. '자유' 하면 매우 좋은 것처럼 여겨지죠. 하지만 구체적으로 그 '자유'의 내용을 따지고 들어가면 실망할 수밖에 없습니다. 여러분, 자본주의 사회에서 내 마음대로 돈 벌 자유가 있습니다. 하지만 실제로 돈을 많이 버는 것은 별개의 일입니다. 법적으로는 직장도 마음대로 선택할 수가 있어요. 직업 선택의 자유가 있으니까요. 하지만 구조적으로 실업자가 양산될 수밖에 없는 것 또한 자본주의 시스템이에요.

집과 관련해서는 거주 이전의 자유가 있겠군요. 우리는 누구나 더 나은 삶을 위해 내가 살 곳을 택할 수 있어요. 하지만 누구나 강남의 고가 아파트에서 살 수 있는 건 아니잖아요. 물론 거기에 산다고 해서 모두가 행복해지는 건 아니겠지만요. 이처럼 '자유'라는 것도 실질적인 내용을 보장하지 않으면 그냥 허울에 지나지 않을 수 있어요. 우리에겐 이상적인 집을 가질 자유가 있습니다. 그러려면 사회를 변화시키기 위한 노력이 필요해요. 그러면 어떻게 사회라는 또 다른 집을 변화시킬 수 있을 것인가. 아까 잠깐 자본주의, 자유 민주주의 이야기를 했는데요. 그러려면 우리나라의 역사를 잠시 살펴보아야 합니다.

지금 여러분이 사는 자본주의 시스템은 '근대화'를 통해 이루어집니다. 이전에는 농사를 지어서 먹고사는 경제 시스템이었잖아요. 그러다가 일제 강점기를 거치면서 물건을 팔아서 돈을 벌고 그걸로 먹고사는 자본주의 시스템이 이식됩니다. 하지만 그때까지만 해도 국민 대부분은 농사를 짓고 살았어요. 자본주의화가 급속도로 진행된 것은 1960년대 경제 개발 5개년 계획이라는 것이 등장하면서부터입니다. 서양에서는 봉건제에서 근대적 자본주의 시스템으로 옮겨 오는 데 수백 년이 걸렸습니다. 그 과정을 우리는 불과 수십 년 만에 밟아 온 거예요. 이른바 '압축 성장'이라고 합니다. 압축이 뭐예요? 느슨하게 있는 걸 꽉 모으는 거지요, 마치 기름을 짤 때처럼 말이에요. 우리가 만원 버스에 있으면 어떻게 됩니까. 서로 밀치고 암암리에 싸우게 됩니다. 그 후유증을 지금 앓는 거예요. 근대화 과정을 거치면서 우리 사회는 경쟁, 갈등, 대립을 겪게 됩니다. 경쟁과 효율성을 강조하는 사회가 되면서 이전의 공동체적 가치가 하나 둘 사라집니다.

가족의 형태도 바뀌어요. 예전에 고조할아버지, 증조할머니까지 한데 모여 살던 집에서 부모와 아이들만 사는 집으로 핵가족화가 진행됩니다. 요즘은 1인 가구도 많습니다. 결혼하지 않은 사람들이 혼자 원룸을 얻어서 살아요. 따라서 집의 개념도 바뀌어 가고 있어요. 점점 더 공감이 없는 집이 되어가면서 고립의 공간이 되고 있는 것이지요. 문제는 우리가 이러한 변화에 대비할 준비가 되지 않았다는 겁니다.

　자본주의의 전제인 개인주의만 해도 그렇습니다. 개인주의에는 궁정적인 측면과 부정적인 측면이 있어요. 독립된 개인으로서 책임 있는 의사 결정을 할 수 있어야 하는데 이 부분에 대해서 우리는 취약해요. 오히려 무언가를 결정할 때 온정주의가 작용한다거나 가족이라는 울타리 뒤로 숨어 버리죠. 하지만 권리를 주장할 때는 개인주의 논리를 동원합니다. 내 일에 참견 말라는 식으로 말이죠. 자기를 바로 세우고 상대방을 인정하는 개인주의가 필요합니다. 그래야 가족끼리 공감을 할 수 있어요. 우리가 공감이 넘쳐나는 집을 만들려면 많은 노력이 필요해요.

　자본주의에서는 모든 것이 상품으로 환원됩니다. 집도 예외는 아닙니다. 우리가 집에는 두 가지 의미가 있다고 했잖아요. 내가 사는 건축물, 물리적 공간과 나의 생활이 있는 곳. 자본주의에서 집은 오로지 물리적 공간으로서만 취급합니다. 생활공간으로서의 집 개념이 실종됩니다. 시장에서 거래되는 상품이 되는 거죠. 우리가 보통 너희 집 몇 평이니, 어디 사니? 하고 묻잖아요. 큰 집에 살면 부러워합니다. 어른들은 한 술 더 떠 집을 사고팔아서 돈을 버는 재테크에 혈안이 되어 있습니다. 이 모든 게 집을 단지 건물이라는 상품으로 취급하기 때문이에요. 내 삶과 가족 관계를 사고팔 수는 없잖아요. 그러고 보면, 사고팔아서는 안 되는 것을 사고파는 상품으로 만든 것이에요. 칼 폴라니 Karl Polany 라는 사회 경제학자가 있습니다. 칼 폴라니는 1830년대부터 자본주의가 본격화된다고 하면서, 사고팔아서는 안 되는 세 가지, 즉 자연(토지), 인간(노동), 사회 계약(화폐)을 사고파는 상품으로 만드는 바람에 사회 전체가 '악마의 맷돌'이 되고 말았다고 개탄합니다. 심중하게 참고해야 할 것입니다. 여기에 지금 우리는 사고팔아서는 안 되는 공간, 즉 집을 첨가합니다.

일전에 한진중공업 사태와 관련한 청문회가 있었지요. 김진숙 선생님이 고공 농성을 하고 시민이 희망버스를 타면서 크게 사회적 관심을 받았는데, 이 문제를 논의하기 위해 청문회가 개최되었어요. 그런데 이때 사장이라는 사람이 나와서 하는 말이 아주 비인간적인 거예요. 여러분, 회사도 누군가에게는 집입니다. 거기서 인간관계를 하고 일해서 번 돈으로 가족이 먹고살잖아요. 그냥 시멘트로 지은 건물이 아니라는 겁니다. 그런데도 이 사장은 멀쩡히 일하던 사람을 잘라 놓고는 뻔뻔하기 그지없는 거예요. 그런 행동의 밑바탕에는 사람을 이용할 데로 이용하고, 필요 없으면 버리면 된다는 생각이 있는 겁니다. 지금 우리는 이런 생각을 하는 사람들이 출세하는 세상에서 살고 있어요. 사람이 살지 않는 집은 집이 아닙니다. 집이 집인 것은 그 속에 사람이 살기 때문이에요.

우리가 오래된 집, 낡은 한옥을 부수지 않고 보존하는 이유가 뭐예요. 그 집에 역사가 있기 때문이잖아요. 거기 살다 간 사람들의 삶이 고스란히 배어 있는 거예요. 단순히 한옥이 멋진 건물이라서 그런 게 아닙니다. 만약 건물로서의 가치만 본다면, 돈을 들여서 새로 한옥을 짓겠죠. 하지만 그 집은 이미 제대로 된 한옥이 아닙니다. 겉모습을 본뜬 건축물에 불과하죠. 삶의 흔적과 역사가 없기 때문이에요. 유명한 인물들이 태어난 집, 즉 '생가'를 보존하는 이유도 마찬가지입니다. 그 인물이 살아온 공간이 가지는 상징적인 의미가 있는 거예요. 진짜 집은 이렇듯 동시대를 사는 사람들과 공감합니다. 그 안에 사는 사람과 사람만이 공감하는 게 아니라 집과 사람끼리도 공감해요. 마치 살아 있는 생물체처럼 말이죠.

여러분 집에는 다양한 공간들이 있죠? 안방이 있겠고, 거실, 부엌, 아파트 같으면 베란다, 단독 주택이라면 마당이 있을 수 있겠죠. 이러한 공간이 어떻게 구축되어 있느냐에 따라서 공감이 달라집니다. 문을 걸어 잠그면 개인과 개인 사이에 공감이 자랄 틈이 없습니다. 거실이라는 열린 공간에 나오면 모여서 대화를 하며 공감을 이룰 수 있죠. 유명한 건축가 김수근 선생이 설계한 건물 중에 '공간'이라는 건축 회사 사옥이 있어요. 다른 나라에서도 견학을 올 정도로 유명한 건축물입니다. 그런데 이 집에는 문이 없어요. 보통 사무실에 문이 있잖아요? 대신에 벽체를 이용해서 공간을 분할합니다. 이 벽을 싹 돌아가면 이 사무실이 나오고 또 벽을 지나가면 다른 사무실이 나와요. 문 없이 벽체만으로 열리면서도 닫힌 기묘한 공간을 연출한 거예요.

집의 공간은 관계뿐만 아니라 우리의 느낌과 생각에도 영향을 미칩니다. 네모 반듯하게 지어진 건물을 보면 어때요. 왠지 딱딱하고 경직된 느낌이 들죠. 권위적인 느낌도 들고요. 그런데 둥글둥글하거나 여기저기 빈 공간이 많은 집은 어때요. 어찌보면 무질서해 보일 수도 있지만 그 안에서 편안함을 느낍니다.

자연과 소통하는 공간

지금까지 집과 사회의 관계를 살펴보았는데요. 이번에는 자연과의 소통이라는 주제에 대해서 말씀을 드리겠습니다. 이 역시 '공감'과 관계가 있어요.

근대화가 이루어지고 자본주의가 성장하면 사람들이 어디로 모입니까? 농촌을 떠나 도시로 모입니다. 거기서 직장을 잡고 생활해요. 좁은 공간에 사람들이 밀려드니 주거 환경이 나빠집니다. 우리나라만 그런 건 아니에요. 이건 자본주의화와 도시화를 겪은 나라에서 공통으로 나타나는 현상입니다. 1920년대 프랑스가 그랬어요. 그래서 르코르뷔지에라는 건축학자가 이 문제를 해결하고자 새로운 계획을 제안합니다. 바로 60층 고층 아파트를 짓는 거였어요. 당시로써는 혁명적인 제안이었습니다. 생각해 보세요. 요즘 기준으로도 60층이면 초고층인데 그 무렵엔 어땠겠어요. 그때부터 도시의 건물들이 고층 경쟁을 하게 됩니다. 여기저기서 이른바 마천루들이 지어지기 시작하죠.

우리도 마찬가지입니다. 어느새 초고층 아파트에 포위되어 버렸어요. 편리해졌지만 그러면서 잃은 것들이 너무 많아요. 대표적인 것이 자연과의 친화성입니다. 인류의 원래 집이었던 자연으로부터 너무 멀리 떨어져 나와 버린 거예요. 자연과의 단절이 생깁니다. 집을 짓느라 산을 잃고 초고층 경쟁을 하느라 하늘을 잃었습니다. 흙을 밟을 기회가 없어요. 인간은 자연과의 공감 없이 살 수 없습니다. 자연과

감각적 교류 없이 건강한 삶을 유지할 수 없어요. 인간 역시 본래 자연이기 때문이지요. 그런데 현대인에게 그런 자연과의 공감이 단절되면서 문제가 생기는 거예요. 건강을 해치고 정서적으로 피폐해집니다. 생태와 기후 환경의 대대적인 교란이 크게 문제시되고 있지요. 자연의 반격이라고 할까요. 그동안 인간이 자연을 도구화하고 훼손하면서 얻은 대가인 거죠.

자연은 생명입니다. 생명체인 인간에게 자연은 집이에요. 개별적으로는 엄마 품이지만 인류 차원에서 보면 인류를 품은 자연이야말로 근원적인 집이라고 할 수 있습니다. 우리가 자연에서 편안함을 느끼는 이유도 그 때문일 거예요. 인간은 누구나 죽습니다. 한계를 가진 생명체이니까요. 이때 우리가 죽어서 흙으로 돌아간다는 표현을 하잖아요. 태어난 곳으로 돌아간다는 뜻입니다. 아까 말씀드린 유토피아, 무릉도원, 에덴동산, 그곳으로 돌아가는 거죠. 태어나면서 혹은 문명화하면서 떠나온 곳으로, 죽음을 통해 돌아간다는 겁니다. 자연과 소통하고 교감하는 삶이야말로 인간적인 삶이라고 말하는 이유입니다.

오늘 드린 말씀을 정리하면서 강의를 끝내도록 하겠습니다. 집은 우리를 둘러싼 모든 것입니다. 가족이 될 수도 있고, 동네가 될 수도 있고, 세계가 될 수도 있고, 자연이 될 수도 있습니다. 그렇기에 우리는 각자의 집 개념을 가능한 한 크게 넓혀야 합니다. 이때 공감이 필요합니다. 다른 사람의 마음을 이해하는 능력, 자연과 소통하는 능력, 이런 것들을 바탕으로 한 삶을 '모둠살이'라고 해요.

조광제

지금까지는 사회로부터 받은 상처를 치유하기 위해, 혹은 경쟁 사회로부터 나와 내 가족을 지키려고 소극적으로 '집' 안에 머물렀다면 이제는 함께 더 큰 집을 짓도록 서로 공감하고 노력해야 합니다. 세상이 좋아져야 집이 좋아집니다.

세상에서 가장 큰 집을 짓는 법

여러분, 좋은 집이란 무엇일까요? 우리가 근원에 대해 이야기 나누었잖아요. 엄마 품과 같은 집, 무릉도원, 에덴동산, 유토피아 같은 집이 우리가 꿈꾸는 집이겠지요. 그런 집이 곳곳에 세워진다면 얼마나 좋겠습니까? 불가능할까요? 그렇지 않습니다. 개별적으로 하나씩 만들기는 어렵지만 모두가 힘을 합하고 공감하면 세계 자체를 하나의 좋은 집으로 만들 수 있어요. 그 안에서 사는 겁니다. 그게 좋은 세상이겠죠. 이런 문제 의식을 가지면 삶을 바꿀 수 있어요. 그것은 또 다른 의미의 공부입니다. 여러분께 새로운 공부를 권합니다. 혹시 질문 있으신가요?

청소년　좋은 세상을 만드는 새로운 공부를 말씀하셨는데요. 과연 학교에서 그런 공부를 할 수 있을까요?

조광제　제가 말씀드린 공부와는 차이가 있지만 학교에서 배우는 지식도 중요합니다. 다만 좋은 세상을 만들려면 노력을 보태야 한다는 겁니다. 지금처럼 한곳에 많은 사람이 모여 지식을 전달받는 교육 방식은 서양에서 온 겁니다. 300여 년 되었나요. 이전에는 개별적으로 혹은 몇몇이 모여 글공부를 했어요.

시대가 변화하면서 교육 방식도 바뀐 거죠. 지금 시대도 새로운 교육, 혹은 공부 방식을 원하고 있어요. 더 이상 주입식은 안 됩니다. 스스로 필요성을 깨닫고 하나하나 알아 나가는 공부가 필요해요. 여러분이 지금의 교육 현실에서 좀 더 나은 공부를 하려면 노력이 필요합니다. 주변에서 일어나는 일들에 대해 좀 더 깊이 있게 생각해 봐야 해요. 집과 가족을 벗어나 공동체를 생각해야 하고 나의 미래와 더불어 사회의 미래를 그려 볼 수 있어야 합니다. 그러다 보면 당장 어느 대학을 가서 어디에 취직해야 한다는 고민보다 좀 더 근원적인 삶의 목표에 대해 고민하게 될 거예요. 그런 것도 좋은 세상을 만드는 공부에 속합니다.

청소년　선생님께서는 근원적인 집과 공감에 대해 말씀하셨는데요. 보통 사람들은 큰 집, 좋은 집에만 관심을 두는 것 같습니다. 인식의 변화가 필요할 텐데요. 어떻게 하면 가능할까요?

조광제　넓은 데 살면 좋죠. (웃음) 저도 좁은 집에 살다 보니 불편한 점이 많아요. 그러나 넓은 집에 사는 사람들도 나름대로 어려움이 있을 거로 생각합니다. 개별적으로 공간이 나뉘다 보니 서로 얼굴 볼 일이 없다던가. 좁은 집에서는 얼굴을 마주칠 수밖에 없잖아요. 하지만 6, 70평쯤 되면 식구들이 어디 있는지 한참 찾아다녀야 할 거예요.

그리고 하나 더 말씀드릴 수 있는 게, 제아무리 넓은 집에 산다고 해도 자연과 소통 없이 지내면 갇혀 있는 것과 다름없다는 겁니다. 집이 아무리 넓어도 동네 뒷산만큼 할까요? 자기 방이 아무리 넓어도 너른 들판만 할까요? 넓은 집에 갇혀 사는 것보다는 자연과 소통하며 사는 게 더 행복한 삶이라고 생각합니다. 집이 좁아도 얼마든지 즐거운 삶을 살 수 있잖아요. 많은 사람도 이러한 사실을 잘 알고 있습니다. 다만 비교를 해서 그래요. 누구네 집이 누구네보다 크다더라, 혹은 적다더라 하는 인식들이 우리를 힘들게 하는 겁니다. 자기만의 기준을 갖고 가치를 거기에 두는 것이 답일지도 모르겠습니다.

우리 스스로 더 넓은 공간을 만드는 것도 한 방법입니다. 예컨대 여기 '길담서원'처럼 함께 소통하며 지낼 수 있는 공간을 만드는 것도 집의 크기에 연연하는 문화를 바꿀 계기가 될 수 있습니다. 개인이 가질 수 있는 물리적인 집의 크기에는 한계가 있다는 걸 널리 알려야 합니다. 그러면서 무한정 넓힐 수 있는 공감의 집이 가능하다는 것을 크게 느껴야 하겠습니다.

더불어 사는 길—부동산 민주주의

손낙구

『10대와 통하는 부동산』 저자

21세기에 들어선 지금, 그것도 경제 규모 세계 10위권을 자랑하는 대한민국에서

동굴에 사는 사람이 있다는 건 어떻게 받아들여야 할까요?

그만큼 우리나라 부동산 문제가 심각하다는 겁니다.

이걸 해결하지 않고서는 갈수록 심해지는 빈부 격차를 줄이기 어렵다는 게 제 생각입니다.

손낙구

1980년대 중반 대학원에서 역사학을 공부하다 노동 운동에 뛰어들어 금속 분야 노동자들과 함께했다. 1999년부터 5년간 민주노총 대변인을 맡았고, 노동 운동을 떠나서는 2004년부터 국회 의원 보좌관으로 일하며 부동산 문제를 파고들었다. 그 성과를 모아 『부동산 계급사회』와 『10대와 통하는 부동산』을 펴냈다. 노동 운동하느라 중단했던 역사 공부를 잇기 위해 뒤늦게 진학한 대학원 박사 과정을 수료하고 논문을 준비하고 있다.

더불어 사는 길 – 부동산 민주주의

안녕하세요. 손낙구입니다. 먼저 질문을 하나 드리죠. 인류가 남긴 건물 중 가장 큰 건 뭘까요?

바로 '무덤'입니다. 이집트의 피라미드 아시죠? 당시 절대 권력을 갖고 있던 파라오 즉, 왕들의 무덤입니다. 중국에는 유명한 진시황의 무덤이 있습니다. 이것들은 당시 최고, 최대의 건축물이었을 겁니다. 우리나라에도 이런 무덤이 있습니다. 청동기 시대 부족장들의 무덤이었던 고인돌이 그렇습니다. 그렇다면 옛날 사람들은 왜 그렇게 큰 무덤을 지었던 걸까요? 무덤은 '죽은 자를 위한 집'이에요. 현실에서 권력을 지녔던 사람들이 죽어서도 넓고 큰 집에 살고 싶은 욕망이 있었던 것입니다. 이처럼 집은 단순히 사는 곳만이 아닌 아주 오래전부터 인간 사회의 중요한 문제였다는 것을 알 수가 있습니다.

'부동산'이라는 오래된 문제

예컨대 철저한 신분 사회였던 신라 시대에는 신분에 따라서 집의 크기가 정해져 있었습니다. 신라 시대는 성골, 진골, 육두품 등으로 나누어진 골품제 사회였죠? 신분에 따라서 자기가 짓고 살 수 있는 집의 크기가 법에 정해져 있었습니다. 그래서 서열에 따라 육두품은 몇 칸까지 지을 수 있는지, 그 이하는 어떤지, 일반 백성은 어때야 하는지 하는 식으로 집의 크기를 모두 법으로 정해 놓았습니다.

조선 시대에도 그랬습니다. 흔히 우리가 아주 규모가 큰 집이라고 이야기하는 '아흔아홉 칸짜리 양반집', 이런 건 조선 시대의 헌법이랄 수 있는 경국대전에 따르면 불법 건축물이었습니다. 물론 당시에도 힘센 사람들은 법을 무시하고 더 큰 집을 짓고 살았지요. 하지만 공식적으로는 불가능했습니다. 집뿐만 아니라 무덤의 크기도 제한을 받았습니다. 그래서 당시는 집 크기만 봐도 사회적 신분이 어느 정도인지, 벼슬이 얼마나 높았는지 알 수 있었습니다. 건축물인 집이 사회적 지위를 보여 주었던 것이지요. 오늘날도 비슷합니다. 현재 대한민국 사회에서도, 법으로 정해 놓지는 않았지만 결국 집을 보면 그 사람의 경제적인 능력이나 사회적 위치 등을 대략 짐작할 수 있으니까요.

그럼 이제 본격적으로 이야기를 시작해 볼까요?

먼저 제가 땅과 집에 관심을 두게 된 이유부터 말씀드리죠. 저는 1981년에 대학에 들어갔습니다. 그런데 당시 대통령은 국민을 죽이고 그 자리에 오른 사람이었습니다. 많은 사람이 그런 독재자를 몰아내고자 싸웠지요. 저 역시 민주화 운동을 하다가 나중에 공장에 들어가서 노동 운동을 했습니다. 제가 청춘을 그렇게 보내면서 바랐던 건, 열심히 땀 흘려서 일하신 여러분 부모님, 그리고 언니, 오빠, 형, 이런 분들이 조금 덜 힘들게, 조금 더 인생의 기쁨을 맛보면서 살 수 있는 나라였습니다. 그래서 20대 중반 이후에는 노동자들이 헌법에 보장된 권리를 보장받을 수 있도록 돕는 일을 했습니다.

그 뒤 40이 넘어서까지 노동 운동을 하다가 국회의원 보좌관으로 일하게 되었고, 먹고사는 문제를 제대로 개선하기 위한 경제 정책을 공부하게 되었습니다. 그러다 집 문제, 부동산 문제가 우리가 먹고사는 데 굉장히 중요하다는 걸 새삼 느끼게 되었어요. 제가 풍족하게 자라 오질 못해서 이전부터 집과 부동산 문제에 관심은 많았지만, 경제 정책을 연구하면서 비로소 부동산 문제가 얼마나 많은 사람을 힘들게 하는지, 또 그걸 해결하는 것이 얼마나 중요한 일인지 깨닫게 된 거죠.

서민들에게 가장 큰 문제일 수 있는 부동산 문제를 그동안 잘 몰랐다는 점을 반성하게 됐습니다. 이 문제를 정확하게 알고, 왜 이렇게 부동산 때문에 국민이 힘들어해야 하는지 원인을 제대로 밝혀서 실질적인 대책을 찾아야겠다는 생각을 하게 됐습니다. 그래서 그 당시에 국회에서 4년 동안 보좌관을 하면서 부동산 문제를 파고들었던 것이죠. 제 전공은 역사학이었어요. 이전에는 부동산 문제를 잘 몰랐어요. 복덕방을 해 본 적도 없고……. (웃음)

여러분은 부동산, 그러면 어떤 게 제일 처음 떠오르세요? (청소년: "아파트", "투기")

그렇습니다. 금방 두 분이 말했듯이 많은 사람이 '부동산' 하면 아파트나 투기를 떠올립니다. 왜 그럴까요? 정말 아파트 투기가 우리나라 부동산 문제의 핵심일까요? 구체적으로 살펴보죠.

집과 땅의 특수한 성질

첫 번째 이야기로 들어가 보겠습니다. 부동산 문제를 이해하려면 우선 알아 두어야 할 것이 있습니다. 바로 부동산의 특성입니다. 부동산은 한자로 이렇게 씁니다. 아닐 부不, 움직일 동動, 자산 산産, 즉 '움직일 수 없는 재산', 고정되어서 움직여 옮길 수 없는 재산이라는 의미입니다. 아무리 힘이 센 사람도 땅을 옮길 수는 없잖아요. 땅 위에 세운 것, 건물도 법적으로는 부동산에 들어갑니다. 또 땅에 심은 것, 나무도 부동산에 포함됩니다. 그러나 뭐니뭐니해도 부동산에서 가장 큰 비중을 차지하는 것은 땅과 집이겠죠. 대표적인 부동산이라고 할 수 있습니다. 그러면 땅과 집, 그것은 인간에게 어떤 존재일까요?

땅은 움직일 수 없을 뿐만 아니라, 새로 만들 수도 없어요. 물론 간척 사업을 해서 바다를 메워 땅을 조금 늘릴 수는 있죠. 그러나 우리나라에서 역사가 시작된 이래, 바다를 메워서 넓힌 땅은 얼마 안 돼요. 국토가 좁다고 해서 굉장히 오랜 세월 간척 사업을 해 왔지만 전체 땅덩어리에 비하면 그 비중이 작습니다. 새로 만들 수도, 움직일 수도 없는 땅만의 특성이 있습니다. 다른 물건들처럼 부족하다고 해서 외국에서 수입할 수도 없죠. 땅을 수출하는 나라는 없잖아요.

땅의 또 다른 특성은 바로 쓰임새가 다양하다는 것입니다. 어떻게 보면 땅은 요술쟁이입니다. 어떻게 쓰느냐에 따라서 쓰임새가 완전히 달라집니다. 인적이 없는 황무지는 쓸모없는 땅이지만, 예컨대 광

화문이나 강남 한복판에 있는 땅이라면 얘기가 달라지지요. 같은 땅이더라도 값어치는 천지 차이입니다. 이처럼 어떻게 쓰이느냐에 따라서 천의 얼굴을 가진 것이 땅이라고 할 수 있겠습니다. 이처럼 더는 늘릴 수 없고, 수입할 수도 없는 땅은 인간이 살아가는 데 필수적이기 때문에 대체로 다른 상품에 비해 가격이 비쌉니다.

땅이 없이는 어떤 생명체도 존재할 수 없습니다. 예를 들어 하늘을 나는 새가 있다고 합시다. 계속 날아다닐 수만은 없지 않습니까? 잠시나마 어딘가에 머물러야 하고, 어딘가에 둥지를 틀어야 합니다. 그곳이 나무 꼭대기라 하더라도 결국은 땅을 딛고 서는 것이지요. 나무 역시 땅이 없다면 존재할 수 없으니까요. 이처럼 땅은 아주 특수한 성질이 있기에 잘 다뤄야 합니다. 잘못 건드리면 많은 생명체가 피곤해질 수 있어요. (웃음)

원래 아메리카 대륙에는 인디언들이 살고 있었지요. 그 땅을 유럽의 백인들이 쳐들어가서 뺏은 거죠. 그렇게 해서 아메리카 합중국이라는 나라가 생기는데, 그때 이야기입니다. 1854년 백인들이 인디언들에게 땅을 팔라고 했습니다. 그때 시애틀이라는 이름의 인디언 추장이 이런 말을 했다고 합니다.

"어떻게 당신은 하늘을, 땅의 체온을 사고팔 수가 있는가? 우리로서는 이해할 수 없는 얘기다. 신선한 공기나 반짝이는 시냇물을 어떻게 소유할 수 있단 말인가? 소유하지 않은 것들을 어떻게 팔 수 있단 말인가? (…) 우리는 땅의 한 부분이고, 땅은 우리의 한 부분이다. 향기로운 꽃은 우리의 자매다. 사람, 말, 큰독수리, 이들은 우리의 형제들이다. 바위산 꼭대기, 풀의 수액, 조랑말과 인간의 체온 모두가 한 가족이다."

이 인디언은 땅은 우리가 소유하고 있지 않은, 자연 그 자체이기 때문에 팔 수가 없다고 한 것이지요. 우리 것이 아닌데 어떻게 팔아넘길 수가 있느냐는 겁니다. 땅은 모든 생명체가 함께 누려야 할 자연의 일부분이지 누가 독점해서 사고팔 수 있는 것이 아니라는 것이지요. 어쩌면 이것은 지구에 인류가 출현한 이래 오랫동안 인간들이 땅에 대해 갖고 있던 생각이었을 가능성이 큽니다. 땅을 소유해서 사고팔고, 누가 혼자 그 땅을 차지해서 이건 내 땅이니까 들어오지 마라, 내 것이니 내 마음대로 하겠다. 이렇게 된 건 인류의 역사에서 보면 얼마 되지 않은 짧은 시간입니다. 자본주의가 시작된 근대에 들어와서 널리 퍼진 생각이지요. 그전까지는 대다수가 인디언 추장 같은 생각을 하고 있었어요. 앞서도 말했지만 그 이유는 땅이 아주 특수한 성질을 갖고 있고, 이것 없이는 어떤 생명체도 생존할 수 없는 중요한 자연의 일부이자 그 자체이기 때문입니다. 땅에 대한 생각을 한번 되돌아볼 필요가 있어요. 그렇다면 부동산의 또 다른 한 축인 집은 어떨까요? 이와 관련해서 멋진 시 한 편을 소개하겠습니다.

맨발

집에 돌아오면

하루종일 발을 물고 놓아주지 않던
가죽구두를 벗고
살껍질처럼 발에 달라붙어 떨어지지 않던
검정 양말을 벗고

발가락 신발
숨 쉬는 살색 신발
투명한 바람 신발
벌거벗은 임금님 신발

맨발을 신는다

–『사무원』(김기택, 창비)에서

여러분 양말을 신고 있을 때가 편합니까? 그렇죠. 저는 나이 들어가면서, 잠옷을 입고 잘 때보다 어쩌다 술 한잔 하고 홀랑 벗고 잘 때, 그때가 잠도 잘 오고 훨씬 편하더라고요. 다 거추장스러운 거잖아요. 남의 이목이라든지, 아니면 날씨에 적응하기 위해서, 멋을 내려고 옷도 입고 몸에 여러 가지를 걸치지만, 사실 가장 편한 것은 자연 그대로의 상태죠. 여러분, 양말을 벗고, 맨발로 있을 수 있을 때가 하루 24시간 중에 얼마나 되는지 한번 생각해 봐요. 별로 없지요. 그나마 맨발로 편하게 오래 있을 수 있는 데가 바로 집이지요.

종일 밖에 나가서 공부하느라고, 길거리 다니느라고 힘든 몸을 편하게 쉴 수 있는 곳, 안식처이자 휴식처, 다음 날 좀 더 생기 있고 활발하게 활동할 수 있게 하는 곳이 바로 인간의 집이죠. 가족이 함께 식사를 하고 결혼을 해서 자식을 낳고 키우는 보금자리, 이런 곳이 바로 집인 것입니다.

집도 땅과 비슷한 성질을 갖고 있습니다. 집도 외국에서 수입하기 어렵습니다. 미국 집, 중국 집을 들여다가 거기서 살 수가 없잖아요. 집도 땅처럼, 제한돼 있습니다. 물론 땅과 성질이 완전히 똑같지는 않습니다. 다른 점도 있어요. 땅은 늘릴 수가 없지만 집은 그렇지 않습니다. 요즘처럼 높이 쌓아올리면 공간이 늘어나니까요. 그렇지만 제한이 있습니다. 집을 무한대로 높게 지을 수는 없죠. 예를 들어서 50층짜리 아파트를 짓는다고 하면 사실상 작은 마을 하나가 생기는 것 아닙니까? 그러면 그 마을 사람들이 살 수 있는 여러 가지 시설이 필요하죠. 도로도 닦아야 하고, 수도도 놔야 합니다. 사람이 사는 데는 여러 가지가 필요하기 때문에 무한정 주거 공간만 늘려 사람을 수용하는 것은 어려운 것입니다.

서울에 너무나 많은 인구가 밀집돼 있으니까 굉장히 살기가 불편하잖아요. 그런 의미에서 보자면 땅과는 조금 다르지만 집도 역시 땅처럼 제한적이라는 성질을 갖고 있다고 할 수 있습니다. 그래서 첫 번째로 말씀드리는 것이 집과 땅이라는 부동산의 특수한 성질입니다. 이것을 잘 이해해야 부동산 문제에 올바르게 접근할 수 있어요.

두 번째로 말씀드릴 것이 부동산 정책에 관한 것입니다. 부동산을 소수가 독차지해서 돈벌이 수단으로 만들면 다수가 불편해집니다. 정부는 소수 욕심꾸러기가 마음대로 부동산 시장을 쥐었다 폈다 해서 많은 사람을 불편하게 하지 않도록 정책을 잘 꾸려야 합니다. 집은 인권이기 때문입니다. 인권은 말 그대로 사람이라면 누구나 가지는 권리라는 뜻이죠. 집과 관련한 인간의 권리를 우리는 주거권이라고 합니다. 인간다운 생활을 하려면 최소한 살 수 있는 집이 있어야 합니다. 이것을 보장받을 권리, 그것이 바로 주거권이지요.

인권은 흔히 자유권과 사회권으로 나뉘는데, 주거권은 사회권 중에서도 특히 중요합니다. 그런데 만일 자기 집이 인간답게 사는 데 어려울 만큼 불편하다. 그것은 인권이 보장 안 돼 있는 상태이죠. 우리 헌법은 국가가 국민의 인권이 침해되지 않도록 이를 보장해야 할 의무가 있다고 명시하고 있습니다. 따라서 주거권 역시 인권 차원에서 국가가 정책적으로 다뤄야 합니다. 이는 우리나라의 경우만 해당하는 것이 아닙니다.

유엔사회권위원회ICESCR에서는 선언문을 채택해서 각 나라가 주거권을 보장하도록 일곱 가지 구체적인 기준을 마련했는데 다음과 같습니다.

첫째, 누구든 집에서 쫓겨나지 않을 권리가 있다는 것입니다. 어떤 이유로도 그 집에서 쫓겨나서 집 없이 길거리에 나앉아서는 안 된다는 것이지요. 하지만 현실은 어떻습니까? 우리나라의 경우만 보아도, 2009년 1월 용산 재개발 구역 철거 현장에서 비극적인 사건이 일어났죠. 거기 사시던 분들이 한겨울에 쫓겨날 위기에 처했습니다. 재개발을 담당하는 건설 회사에서 용역 직원들을 동원해서 강제로 내쫓으려고 했죠. 용산에서 일어난 참사는 그 과정에서 일어난 사건입니다. 서울시 조례에 따르면 겨울에 어떤 이유로든 사람을 그 집에서 강제로 내쫓지 못하게 되어 있습니다. 그럼에도 이를 무시하고 부당하게 사람들을 내쫓으려다가 생긴 일입니다. 이것은 유엔이 정한 주거권의 첫 번째 기준에 어긋나는 것이죠.

둘째, 그 집에서 건강하고 위생적인 생활을 누릴 수 있어야 한다는 것입니다. 너무나 당연한 얘기지요. 비위생적인 환경에서는 인간다운 생활을 할 수가 없다는 것이죠. 예를 들면 지하방 같은 데가 그렇습니다. 지하방은 해가 들지 않아 습기가 차고 세균이 쉽게 번식합니다. 옥탑방 같은 데도 마찬가지로 환경이 좋지 않죠. 바깥 온도에 무척 민감해서 여름에는 덥고, 겨울에는 추워요. 모두가 건강한 생활이 어려운 주거지입니다. 사람이 이런 곳에서 살지 않아야 인간답게 살 수 있다는 것이지요.

셋째, 너무 비싸서 형편에 맞는 집을 구할 수 없어서는 안 된다는 것입니다. 아무리 가난한 사람이라도 최소한 자기가 살 집은 구해 안정적으로 살 수 있어야 합니다. 그렇지 못하면 주거권이 침해될 수 있다는 얘깁니다.

넷째, 사는 집이 최저 주거 기준에 미달하지 않아야 한다는 것입니다. 예를 들자면 가족 수에 따라 충분한 개별 공간이 있어야 합니다. 그렇지 않으면 개인 프라이버시가 보장이 안 되잖아요. 부부와 오누이가 사는데 누나는 20살이고, 남동생은 17살 정도 된다면 최소한 방이 세 개는 있어야 합니다. 방이 두 개밖에 없어서 누나하고 남동생하고 한방을 써야 한다든가, 아니면 아빠랑 남동생, 엄마와 누나가 각각 함께 방을 써야 한다면 인간으로서 누려야 할 최소한의 행복을 누릴 수 없다는 것이죠. 이를 위한 최저 주거 기준이 법에 정해져 있는데 여기에 맞는 생활을 할 수 있어야 한다는 것입니다.

다섯째, 사회적인 약자가 집을 이용하는 데 어려움이 없어야 한다는 것입니다. 노약자나 장애인, 소년소녀 가장, 이런 분들은 대개 경제적으로 어려울 가능성이 크잖아요. 사회적 약자인 이분들에게도 최소한의 주거 공간이 보장되어야 한다는 것입니다.

여섯째, 너무 외진 곳에 있어서 생활이 불편해서는 안 된다는 것입니다.

마지막으로 일곱째는 주거가 안정적으로 이루어져 공동체의 문화가 파괴당하지 않아야 한다는 것입니다. 전세금이 폭등해서 어쩔 수 없이 이사를 하면 함께 생활하던 이웃들과 헤어져야 하잖아요. 또한 생활하던 곳이 재개발 대상이 돼서 원주민들이 뿔뿔이 외곽으로 흩어져야 한다면 인권을 침해받는 거라는 거죠.

땅값이 올라 행복한 사람들

그럼 이제 현실적으로 위와 같은 기준을 지키려면 어떤 노력이 필요한지 살펴보겠습니다. 우리나라의 현실은 어떤가요? 물론 문제가 많습니다. 그중에서도 가장 먼저 고쳐야 할 것이 바로 부동산 가격 폭등 문제입니다. 집값, 땅값이 다른 상품에 비해 너무 빨리, 너무 많이 오릅니다. 예를 들어 우리나라에서 땅값이 가장 비싸다는 명동의 어느 건물은 한 평 가격이 2억 원이 넘습니다. 어마어마하죠. 그런 비싼 땅이 주로 서울에 몰려 있습니다. 수도권에서 지방으로 내려갈수록 땅값의 격차가 심해지지요. 지역 간 차이를 고려하지 않더라도 전반적으로 우리나라 땅값이 비쌉니다. 통계를 보면 확연히 드러납니다.

통계청 자료에 의하면 한국의 전체 땅값이 캐나다의 땅값에 비해 두 배가 넘습니다. 생각해 보세요. 국토 면적은 한국이 캐나다의 100분의 1쯤 됩니다. 얼마나 비싼 겁니까? 다시 얘기하면 한국을 팔면 캐나다를 두 번 이상 살 수 있다는 얘기예요. 여러분, 그 돈이면 호주도 살 수 있습니다. 현실에선 불가능한 이야기지만, 그 정도로 우리나라 땅값이 터무니없이 비싸다는 거예요. 우리나라 땅을 다 팔면 우리는 어디 가서 사느냐? 난 여기 살고 싶다. 그런 걱정하지 마세요. 서울하고 경기도만 팔아도 캐나다를 사고도 남으니까요. 이렇게 된 이유가 바로 우리나라 부동산 가격이 너무 많이 올랐기 때문입니다.

전체적인 부동산 가격 상승도 문제지만 지역 간 신분 간 격차도 문제입니다. 부동산 가격도 양극화되어 있어요. 비싼 데는 너무 비싸고

싼 데는 아주 쌉니다. 서울, 수도권은 터무니없이 비싼 곳이 많지만 인구가 적은 한적한 시골은 아주 쌉니다. 서울 안에서도 한강 이남, 그중에서도 강남, 서초, 송파 이런 곳의 부동산 가격이 차지하는 비중이 매우 큽니다.

양극화는 사람들 사이에도 있습니다. 소수가 많은 부동산을 소유하고 있어요. 집을 수백 채씩 가진 사람이 있는가 하면, 자기 집이 없어서 셋방을 떠도는 사람들, 고시원 같은 데서 사는 사람들이 있습니다. 이런 극심한 편중 역시 반드시 고쳐야 할 문제라고 할 수 있습니다.

그런데 어쩌다가 상황이 이렇게 되었을까요? 역시 투기 문제를 빼놓을 수가 없겠죠. 부동산을 사 놓았다가 가격이 오르면 그걸 팔아서 차액을 얻고자 하는 전문 투기꾼들이 활개를 쳐서 이렇게 되었다고 할 수 있습니다. 개발 붐이 일던 1970년대에 이런 투기꾼들을 '복부인'이라고 불렀습니다. 투기에 특히 부인들이 앞장섰다고 해서 붙여진 이름이죠. '복부인'이라는 말은 국어사전에도 올라 있습니다. 1980년대 말에는 '복부인'에서 '빨간 바지'로 별명이 바뀌었다고 합니다. 복덕방 드나들면서 투기하는 분들이 당시 유행하던 빨간 바지를 입어서 붙여진 이름이라고 합니다. 하지만 '복부인'도 '빨간 바지'도 우리나라 부동산 투기 역사에서는 조연에 불과합니다. 진짜 주연은 따로 있어요. 물론 복부인들이 투기로 돈을 벌고 부동산 가격을 많이 올렸지만, 진짜 투기의 주역은 바로 '건설 재벌'입니다.

여러분, 우리나라에 '재벌 대기업' 하면, 딱 어떤 회사가 떠오릅니까? (청소년: "삼성", "현대", "LG")

여러 이름이 떠오르죠. TV 광고도 많이 하잖아요. 그런데 생각해 보면 재벌 대기업치고 아파트 장사를 안 하는 데가 없어요. 삼성 래미안, 현대 힐스테이트, LG 자이, 롯데 캐슬……. 이 밖에도 SK, 포스코 등 이름만 들으면 알 수 있는 대기업들이 너도나도 아파트 건설 사업에 뛰어들었습니다. 그 이유는, 당연히 돈을 굉장히 많이 벌기 때문입니다. 이들이 아파트를 짓고 분양가를 올리면서 전체적인 집값이 뛰기 시작합니다. 집값을 올린 건 이러한 '건설 재벌' 뿐만이 아닙니다. 사람들이 비싼 아파트를 사려면 돈이 필요합니다. 하지만 월급 갖고는 부족할 수밖에 없죠. 그래서 은행이 돈을 대줍니다. 부동산 담보 대출이 바로 그것이지요. 최근 우리나라 부동산 담보 대출 총액이 위험 수위에 달할 정도로 높아졌다는 이야기 많이 들으셨을 겁니다. 사람들이 비싼 집을 사기 위해 빚을 내는 동안 은행은 이자로 돈을 법니다. 건설 재벌과 은행, 이들이야말로 부동산 가격 폭등, 하우스 푸어의 등장이라는 막장 드라마의 주연입니다. 여러분, 을사오적 아시죠? 나라를 팔아먹어 국민을 고통에 빠뜨린 구한말 벼슬아치들입니다. 거기에 빗댈 정도로 비판받아 마땅한 주역들인 것입니다.

이 사람들이 돈을 버는 방식은 이렇습니다. 아파트를 짓지도 않았는데 팔아먹는 거예요. 전 세계에서 우리나라만 유일하게 허용하는 방식입니다. 조그만 건설 회사는 이렇게 지을 수가 없어요. 오직 재벌 건설사들만 누릴 수 있는 특혜입니다. 사람들은 이미 지은 아파트가 아니라 앞으로 지어질 아파트를 미리 돈을 내고 사는 거예요. 이른바 선분양이라고 하는 겁니다. 만들지도 않은 물건을 파는 이런 독특한 제도는 1970년대 박정희 정권이 시작한 것입니다. 재벌들에게 엄청난 이익을 보장해 준 것이죠. 재벌 건설사들은 짓기도 전에 가격을 높여 부르고, 사람들이 몰려들어 그 아파트를 사면 가격은 계속 오르고……. 이것이 지난 40년 동안 한국에서, 주로 수도권에서 일어난 일입니다. 소위 '한국형' 아파트 분양 제도로 재벌들이 많은 돈을 벌었죠. 그랬는데 최근에 그 양상이 달라집니다. 이제는 아파트가 넘쳐 나서 잘 안 팔려요. 어디 어디에서 미분양이 속출했다는 뉴스 많이 나오죠. 그러자 재벌 건설사와 은행들은 새로운 쪽으로 고개를 돌립니다. 바로 '뉴타운'과 '재개발'이에요.

역사적으로 볼 때 서울은 1970년대부터 커지기 시작했습니다. 여기저기서 개발 붐이 일었죠. 예전엔 서울이 지금보다 훨씬 작았는데 인접 지역이 개발되면서 계속 확장된 것입니다. 그때 지은 집들이 40여 년이 지난 지금 낡아 버렸어요. 동네도 비좁고, 살기 편하게 새로 고쳐야 할 필요성이 생겼어요. 그래서 재개발을 해야 하는데. 여기에 또다시 '건설 재벌'이 끼어듭니다. 가난한 사람들을 내쫓고, 거기에 고급 아파트를 지으면 집주인이나 건설사는 많은 돈을 벌지만 싼 집을 갖고 있거나 땅이 많지 않은 사람, 세를 사는 사람들은 피해를 봅니다. 그런데도 어떻게든 수익을 많이 내려고 무리를 하다가 용산 참사 같은 사건이 생기는 겁니다. 이런 일들이 뉴타운 재개발 과정에서 자주 벌어졌습니다.

재개발의 부작용은 그뿐만이 아닙니다. 사회·문화적으로도 많은 문제를 발생시켜요. 나라별로 집을 한번 지으면 얼마나 쓰느냐 하는 통계가 있어요. 우리나라는 그 기간이 굉장히 짧습니다. 내구연한이 다할 때까지 다 쓰지 않고, 허물고 새로 짓는 것이죠. 재개발을 너무 자주 해서 일어나는 일입니다. 이렇게 되면, 어떤 부작용이 있을까요. 먼저 환경이 파괴됩니다. 집 짓는 데 쓰이는 재료가 주로 콘크리트 같은 유해 물질이잖아요. 이런 걸 그대로 내다 버리면 자연을 오염시키게 되겠죠. 게다가 새로 집을 지으려면 또다시 콘크리트를 쏟아 부어야 합니다.

그래서 선진국에서는 한번 건물을 지으면 고쳐서 오랫동안 쓰도록 유도하는 정책을 펴고 있습니다. 실제로 유럽 같은 데 가면 백 년 이상 된 건물들이 즐비하지 않습니까? 꼭 문화재로 지정된 건물이 아니더라도 일반인들이 사는 집, 심지어 상업용 건물인 호텔도 지은 지 100년이 넘은 게 많습니다. 그들은 오히려 오래된 건물에서 자부심을 느낀다고 합니다. 그런데 우리는 멀쩡한 건물도 부수고 다시 짓는 일을 반복하는 거예요. 환경에도 좋지 않고, 집값도 올리는 이런 불합리한 일들을 어떻게든 개선해야 합니다. 지금 그로 말미암은 어려움을 온몸으로 느끼고 있잖아요. 이건 어른들만 겪는 문제가 아닙니다. 앞으로 여러분이 부딪혀야 할 문제이기도 해요.

부동산의 정치학

여러분이 앞으로 대학에 가면, 혹시 독립해서 생활하고 싶다는 생각이 들 수도 있습니다. 근데 독립하려면 너무 돈이 많이 들어요. 집값이 비싸니까요. 예컨대 지방에서 서울로 유학 온 학생들은 학교 주변에 집을 얻으려면 큰돈을 들여야 합니다. 소득이 없는 학생으로서는 매우 힘든 문제가 되죠. 서울에서 지방에 있는 대학에 진학한 학생들도 마찬가지입니다. 기숙사 없는 학교도 많지만, 있더라도 요즘은 '명품 기숙사'니 뭐니 해서 이용료가 만만치 않습니다. 형편이 안되는 학생들은 이용할 수 없는 상황인 거죠. 이런 게 다 우리나라 집값이 계속 오르기 때문에 생기는 일입니다. 남의 문제가 아니고 우리나라에 사는 사람이라면 누구나 스무 살을 넘자마자 만나게 되는 현실이라는 말입니다.

용케 대학도 졸업하고 취업을 해서 결혼을 한다고 칩시다. 이때에도 부동산 문제를 만날 수밖에 없습니다. 결혼 자금의 4분의 3이 집구하는 데 들어가기 때문이에요. 사랑하는 사람과 결혼하고 싶어도돈이 없으면, 전세 자금이라도 구해 놓지 않으면 시기를 늦추는 게현실입니다. 결혼해서도 문제입니다. 설령 무리를 해서 자금을 마련한다고 해도 생활이 고단해질 수 있습니다. 아주 사적인 판단인 결혼조차도 집, 부동산 문제와 떼려야 뗄 수 없는 것이죠.

또 우리나라에서는 신혼여행에서 돌아온 부부는 곧장 선택의 갈림길에 섭니다. '자식을 먼저 낳을 것인가, 아니면 내 집을 먼저 장만할것인가?' 하는 것이지요. 두 가지 다 중요한 일인데, 한꺼번에 하기에는 무리가 따른다는 겁니다. 왜냐하면 한국 사회에서는 아이를 키우고 집을 장만하는 데 돈이 너무 많이 들어가니까요. 그렇죠? 자식을 낳아서 대학까지 졸업시키는 데 얼마 든다는 식의 기사들이 언론을 통해 가끔 나옵니다. 교육비가 굉장히 많이 들어요. 특히 사교육비는 상상을 초월합니다. '집이냐, 아이냐?' 이걸 두고 고민을 해야하는 게, 신혼의 꿈에 젖어 있어야 마땅할 이 땅의 신혼부부들이 겪어야 하는 현실입니다.

요즘 취직 문제 때문에 많이들 힘들어하는데, 취직한다고 해도 부동산 문제는 해결되지 않습니다. 우리나라 직장인들은 세계에서 일을 많이 하기로 유명합니다. OECD에 가입한 나라가 30여 개 되는데요, 그중에서 직장인의 1년 평균 노동 시간 1위가 바로 우리나라입니다. 연평균 2,100시간이 넘는데, 이를 세계에서 노동 시간이 제일 짧은, 일을 적게 하는 네덜란드에 비하자면 무려 매년 넉 달 이상 더 일을 하는 것이지요. 이렇게 고단하게 사는 이유는, 바로 자신의 미래를 위해서, 또 가족들을 보살피기 위해서일 겁니다. 그러나 안타깝게도 열심히 오래 일한다고 해서 행복이 보장되지 않는다는 것입니다. 똑같이 일해도 결과는 다릅니다. 그 차이는 어디서 오는 것일까요?

예를 들어 보겠습니다. 같은 해 입사해서 30대 후반에 똑같이 과장이 된 동료가 있습니다. 그중 한 사람은 2002년에 서울 강동구 길동에 있는 33평(토지 및 건물의 넓이를 나타내는 말. 1평은 3.3058제곱미터.) 아파트를 2억 4,000만 원에 샀어요. 다른 한 사람은 경기도 분당에 있는 분당 파크빌을 2억 7,000만 원에 삽니다. 그런데 5년 후에는 집값이 달라져요. 하나는 6억 원이 되고, 하나는 11억이 됩니다. 두 집 다 가격이 올랐지만 그 차이는 무려 5억 원이나 된 것이죠. 평범한 직장인이라면 죽을 때까지 일해도 모을 수 없는 액수입니다. 모든 조건이 같고, 다만 집 한 채를 달리 샀을 뿐인데 지역에 따라 운명이 갈린 것이죠. 이런 일이 실제로 대한민국에서 비일비재하게 일어나고 있습니다.

통계에 의하면 우리나라 직장인이 서울에 있는 33평짜리 아파트를 사려면 평균 29년이 걸린다고 합니다. 좀 더 실감 나게 이야기하자면, 평균적인 남자 성인이 군대 갔다 와서 대학 졸업하고, 다행히도 실업 기간을 거치지 않고 곧바로 취직하면 대략 28세 전후가 됩니다. 그 직장에서 안 잘리고 29년을 계속해서 다녀, 57세가 되면 집을 한 채 살 수 있다는 얘깁니다. 물론 순전히 자기 힘으로 저축을 통해 돈을 모았을 경우를 말합니다. 만약 어떤 사람이 나는 집을 안 사면 안 샀지, 자존심이 있으니 죽어도 강남에 살아야겠다고 한다면 그 기간은 훨씬 더 늘어납니다. 강남에 있는 집을 사려면 무려 44년이 걸린다고 합니다. 72살이 되어야 비로소 강남에 아파트를 한 채를 장만할 수 있어요. 인생을 집 장만하는 데 다 써야 하는 현실을 보여 주는 통계입니다.

그런데 집값 폭등으로 말미암은 문제는 여기에 그치지 않습니다.

여러분, 태어나서 지금까지 몇 번 전학했나요? 한 번도 없나요? 그러면 이사는 몇 번이나 가 보았죠? 부모님께서 말씀하신 적 있어요? 저는 태어나서 지금까지 몇 번이나 이사를 했는지 손으로 꼽아 보다가 신경질이 나서 그만두었습니다. (웃음) 너무 이사를 많이 다닌 거예요. 하지만 그게 저만의 이야기는 아닌 것 같습니다. 우리나라 사람들은 이사를 너무 자주 다녀요. 통계청 조사에 의하면 2000년에서 2009년까지 10년 동안 이사한 인구를 다 합치면 9,050만 명 정도가 됩니다. 그 10년 동안 대한민국 국민 4,800만 명이 한 명도 빠짐없이 모두 두 번 정도씩 이사를 한 셈이죠. 물론 이것은 평균이기 때문에 편차가 있습니다. 10년 동안 한 번도 이사를 안 다닌 사람이 있을 것이고, 어떤 사람은 10번도 넘게 다녔을 수 있죠.

이사를 하는 이유가 뭘까요? 여러 가지가 있겠죠. 직장이나 학교 때문에 그럴 수도 있습니다. 하지만 가장 많은 이유는 바로 집을 구하기가 어렵기 때문입니다. 자기 집을 소유한 사람과 그렇지 않은 사람의 평균 이사 횟수에 차이가 납니다. 집 없이 셋방 사는 사람이 훨씬 이사를 많이 했어요. 집을 소유한 가구 중 5년에 한 번 이상 이사를 다니는 가구가 36퍼센트이지만, 셋방에 사는 사람들의 80퍼센트는 한 집에서 5년을 채 살지 못하고 있습니다. 게다가 셋방 사는 사람의 절반 이상은 2년에 한 번씩 이사를 다닙니다.

이사도 부동산 문제 때문에 국민이 겪어야 하는 스트레스 중 하나입니다. 집을 구하고 가구를 옮기는 것 자체도 힘들지만 한곳에 오래 머물러 살지 못하니까 이웃이 없어요. 정든 친구나 이웃, 정든 풍경, 이런 것을 경험하지 못합니다. 공동체 의식은 사람이 살아가면서 정서적으로 매우 중요한 요소예요. 좋은 사람들과 함께한다는 마음은 사람을 행복하게 합니다. 하지만 폭등하는 집값 때문에 우리는 그걸 놓치고 살아요.

교과서에서 우리 민족은 한반도에 정착한 농경민족이기 때문에 한

곳에 정착해서 살아왔다고 배웠죠? 반면에 몽골 민족은 말 타고 떠돌아다니면서 유목민으로 살았다고 하잖아요. 그런데 앞서 말씀드린 통계청 조사를 보면 우리 민족이 유목민으로 바뀐 것이 아닌가 하는 생각이 들 정도예요. 너무 이사를 많이 다닙니다. 피곤한 일이죠.

이와 관련해서 하나 알아 두어야 할 것은 우리나라는 부동산 경기에 영향을 주는 건설업이 전체 산업에서 차지하는 비중이 높다는 사실입니다. 아까 집값 폭등의 주요 요인이 잘못된 나라 정책과 재벌 건설사, 은행 때문이라고 했죠? 그럼에도 나라에서 온갖 특혜를 주면서 재벌 건설사를 먹여 살리는 데는 이런 이유가 있는 겁니다. 그런데 건설업이 중심인 나라는 선진국 경제로 가기가 굉장히 어렵습니다. 우리나라를 포함해서 산업 분야 중 건설업 비중이 상대적으로 높은 나라가 10여 개 정도가 있는데요. 과거 일본을 제외하곤 대부분 후진국이에요. 왜냐하면 선진국형 경제, 다시 말해서 부가 가치가 높은 게 반도체, 자동차, 이런 첨단 산업들이잖아요. 건설업은 그런 거 하고 거리가 멀죠. 그런데 우리나라는 세계에서 14번째로 건설업 비중이 높습니다. OECD 국가 중에서는 가장 높고요. 앞으로 경제가 제대로 발전하려면 건설업 중심의 산업 구조를 바꿔야 한다는 목소리가 높습니다.

부동산은 정치하고도 관련이 깊습니다. 어떤 곳에 사느냐에 따라 정치적 관심도에 차이가 납니다. 자기 집에서 사는 사람이 많은 동네일수록 투표율이 높고 셋방이나 집 없이 사는 사람들이 많은 동네일수록 투표를 잘 안 하는 현상이 나타납니다. 서울의 강남구 하면 부유한 사람들만 사는 곳으로 알고 있죠? 그런데 안에 들어가 보면 한 20여 개의 동네가 있어요. 상대적으로 부유한 동네가 있는가 하면, 여기가 진짜 강남인가 싶을 정도로 가난한 사람들이 사는 동네가 있습니다. 어떤 사람들이 사느냐에 따라서 투표율이나 지지 정당에 차이가 있어요. 이 같은 현상은 강남구뿐만 아니라 2005년 기준으로 서울시에 있는 522개 동洞, 수도권 전체로 1,186개 동에서 비슷하게 나타납니다. 부동산 문제가 정치하고도 밀접하게 연관된 것이지요.

제가 역대 대통령 중 누가 제일 집을 많이 지었나 하고 조사한 적이 있습니다. 순위를 매겼더니 김영삼 대통령이 금메달이더라고요. 계산을 해 보니까 재임 기간 5년 동안 1분에 한 채씩 집이 생긴 꼴이었습니다. 이후에도 역대 정부 때마다 신도시 같은 공급 중심의 주택 정책을 펴서 지금은 집이 남아도는 시대가 됐습니다.

주택 보급률이라는 통계가 있는데, 주택 수를 가구 수로 나눈 겁니다. 2008년에 이 주택 보급률이 112퍼센트였어요. 이것을 해석하자면 우리나라 총인구 4,800만 명이 가족당 집을 한 채씩 갖고도 143만 채가 남아돈다는 것이죠. 그런데 여기에는 1인 가구가 빠져 있습니다. 예를 들면 자취하는 대학생은 1인 가구가 되겠죠. 반대로 여러 식구가 모여 사는 단독 주택도 통계상으로는 한 가구로 칩니다. 어쨌든 이런 현실을 고려하더라도 그 수만 놓고 보자면 집이 부족하기는커녕 오히려 남아도는 시대가 된 것이죠. 그런데도 우리나라 인구의 40퍼센트 이상이 아직도 셋방에 살고 있습니다.

그러면 그동안 그렇게나 많이 지은 집은 다 어디로 갔을까요? 제가 추적해 봤더니 결론은 집 있는 사람이 여러 채를 사 갔다는 겁니다. 예컨대 여기 집이 한 채가 있다. 그런데 이걸 철거하고 층수를 올려서 10세대가 들어서는 아파트를 새로 지었다. 그러면 한 채를 부수고 열 가구가 들어가는 아파트를 지은 거니까 통계로 보면 집이 아홉 채가 늘어난 거잖아요. 제가 이런 식으로 1990년에서 2005년 사이에 지어진 새집들을 쭉 추적했습니다. 그랬더니 그중 한 절반 정도는 집 없는 사람이 샀어요. 그런데 나머지 절반 정도는 이미 집을 가진 사람이 추가로 사들인 겁니다. 한 채 가진 사람이 두 채로 늘리는 경우도 있고 여러 채를 보유한 부자도 있고 그렇습니다. 그렇다면 이렇게 집이 많은데 여전히 전세를 사는 이유가 뭘까요? 당연히 돈이 없기 때문입니다. 사기 싫어서 안 산 게 아니에요. 너무 비싸니까, 자기 형편으로는 그 집을 살 수 없는 거예요. 반면에 여윳돈이 있는 사람은 투자 개념으로 집을 사들일 수 있었던 거죠.

제가 이 말씀을 드리는 이유는, 우리나라 부동산 문제를 해결하기 위한 정책 방향과도 관련이 있기 때문입니다. 일부에서는 여전히 집이 부족하니까 새로 더 지어야 한다고 주장합니다. 그래야 집 없는 사람들이 자기 집을 가지게 된다고 하죠. 하지만 정말 그런가요? 방금 말씀드렸듯이 이미 집은 남아돌기 시작했습니다. 살 집이 부족해서가 아니라 돈이 없어서 집 장만을 못하는 겁니다. 그렇기에 정부는 무작정 집을 새로 지어서 주택 공급을 늘릴 게 아니라, 새로 지은 그 집이 누구에게 돌아갈 것이냐를 꼼꼼히 따져서 정책을 세워야 합니다. 이미 집을 가진 사람은 투자 목적으로 사들이지 못하게 하고 대신 정말 집이 필요한 사람에게 돌아갈 수 있도록 정책적으로 유도해야 한다는 것이지요. 그렇지 않고서는 실제 주택 문제로 어려움을 겪는 사람들에게 도움을 주기 어렵습니다.

최고의 집, 최고의 부자

여러분, 우리나라에서 집을 제일 많이 가진 사람은 몇 채를 소유하고 있을까요? 2005년 8월 행정자치부가 발표한 자료를 보면 답은 무려 1,083채입니다. 1등부터 10등까지 최다 소유자들이 가진 주택 수를 합치면 5,500채예요. 도대체 어떤 사람이기에 이처럼 많은 집을 가질 수 있었을까요? 자료에는 이름이 안 나옵니다. 개인 프라이버시라고 해서 공개하지 않아요. 참고로 여기에는 사업상 이유로 즉 어떤 아파트 회사 사장이 회사 아파트를 자기 이름으로 올린 거, 학교 기숙사를 학교 이사장 이름으로 올린 거, 이런 경우는 다 빠집니다. 교회나 절 같은 종교 재단, 종중 소유의 집 같은 것들도 다 빼고 오직 개인 재산 등록된 것으로만 통계를 낸 것입니다.

자, 그럼 이 통계 자료가 말하는 바가 무엇인지 생각해 봅시다. 국민의 40퍼센트는 집이 없어서 이 집, 저 집, 떠돌면서 살고 있지만, 소수 부유층이 너무 많은 집을 가진 것이 우리나라의 현실이라는 거죠. 취미로 우표 수집하듯이 한 사람이 이렇게 1,000채 넘게 집을 소유하고 있는 건 심하지 않나 하는 생각이 듭니다.

한 가지 더 여쭤보죠. 우리나라에서 제일 높은 건물은 몇 층일까요? 저는 그동안 63빌딩이 가장 높은 건물로 알고 있었습니다. 그런데 부동산 공부를 하면서 그게 아니라는 것을 알았습니다. 도곡동의 타워팰리스는 69층이나 되고, 부산 해운대구 두산 위브 아파트는 무려 80층입니다. 층수는 물론 실제 높이도 훨씬 높죠. 우리나라에서 가장 높은 건물은 주거용입니다. 거의 하늘에 닿을 만한 높은 데서 사는 거죠.

집 가격도 천차만별입니다. 우리나라에서 가장 싼 집은 2008년 공시 가격 기준으로 강화도에 있는 농가 주택인데 평당 7만 원이라고 합니다. 반대로 가장 비싼 집은 2008년 공시 가격 기준으로 97억 원이랍니다. 그런 집에 사는 사람들은 도대체 누구일까? 하고 생각해 보았습니다. 답은 어렵지 않습니다. 바로 우리나라 최고의 부자로 일컬어지는 삼성 이건희 회장입니다. 정부 통계에는 97억 원으로 나와 있지만 실제 가격은 모릅니다. 정부가 통계에 사용하는 공시 가격은 실제 시세의 80퍼센트에 불과하다는 게 정설입니다. 이건희 회장이 사는 집은 지하 주차장에 댈 수 있는 자동차 대수가 54대이고, 주차장 출입구만 5개다, 하는 정도만 외부에 알려졌습니다. 제가 말씀드린 통계가 2008년 기준인데, 당시 1위는 이건희 회장 집이었고 2위는 역시 모 재벌 회장, 재벌 간부의 집이고요. 그리고 3위가 〈조선일보〉 사장 집이었습니다.

대개 비싼 집들은 크기도 큽니다. 우리나라에서 두 번째로 비싼 집의 경우 집 자체는 크지 않는데, 그 터가 산 하나를 차지해요. 엄청나게 넓은 거죠. 제가 조사해 보았더니 거의 축구장 크기에 맞먹습니다. 박지성이 들어가서 뛰어도 부족하지 않을, FIFA 공식 국제 축구 경기를 할 수 있을 만큼의 넓이라는 겁니다. 단독 주택뿐만 아니라 아파트도 이런 데가 있습니다. 도곡동에 있는 힐데스하임빌라는 실내에서 농구 경기를 할 수 있을 정도로 넓습니다.

여러분이 상상하시는 것 이상으로 우리나라에는 크고 넓은 집이 많아요. 그리고 사는 곳이 천차만별입니다. 어떤 사람은 지상에서 300미터 하늘로 솟은 집에서 살고 어떤 사람은 지상에 보금자리를 마련하지 못합니다. 바로 지하 혹은 반지하 방에 사시는 분들이지요.

단군 이래 처음으로 2005년에, 땅속에 사는 사람이 몇이나 되는지 알려 주는 통계가 나왔습니다. 그 결과 142만 명, 59만 가구가 반지하에서 사는 것으로 나타났습니다. 주로 수도권이 많았고요. 놀라운 건 실제 동굴이나 토굴에서 생활하는 분들도 있었다는 사실입니다. 종교적인 이유 등이 아니라 순전히 경제적인 이유로 고통을 감수하며 그런 집에서 사는 겁니다.

여러분, 역사 시간에 인류가 동굴이나 땅속에 살기 시작한 게 지금으로부터 70~80만 년 전 베이징 원인 때부터라는 걸 배우죠. 우리나라에도 평양 인근의 상원 검은모루동굴, 그리고 제주도의 빌레못동굴 등지에서 구석기 시대의 유물들이 발견되었다고 합니다. 열악하긴 하지만 추위와 맹수로부터 몸을 피하기엔 안성맞춤이었겠지요. 하지만 21세기에 들어선 지금, 그것도 경제 규모 세계 10위권을 자랑하는 대한민국에서 동굴에 사는 사람이 있다는 건 어떻게 받아들여야 할까요? 그만큼 우리나라 부동산 문제가 심각하다는 겁니다. 이걸 해결하지 않고서는 갈수록 심해지는 빈부 격차를 줄이기 어렵다는 게 제 생각입니다.

1960년대 말에 영국의 사회학자들은 런던에 살았던 사람들의 계층을 구분하면서, 이른바 '하우징 클래스'라는 개념을 사용했습니다. 사는 집에 따라 계층이 갈린다는 겁니다. 오늘날 우리나라의 현실에도 들어맞는 개념이 아닌가 합니다.

우리나라에서는 부동산 재산을 중심으로 계층이 나뉘다 보니까 부동산 가격이 오르고 내리는 것에 대해 사람마다 이해관계가 달라집니다. 부동산을 많이 가진 사람은 가격이 오르면 당연히 재산이 늘어납니다. 반면에 없는 사람은 힘들어집니다. 전세금도 올려 줘야 하고 집을 사려면 더 많은 돈을 들여야 합니다. 만일 가격이 내려가면 어떻게 될까요? 입장이 180도 달라지죠. 부동산을 많이 가진 사람은 재산 가치가 하락합니다. 당연히 부동산 가격이 내려가지 않길 바라겠죠. 하지만 땅이나 집이 없는 사람은 이익을 얻습니다. 전·월세금이 싸지니까 부담이 덜어지고 같은 가격에 더 넓고 좋은 집으로 이사도 갈 수 있습니다. 아예 새집을 살 수도 있겠지요. 전반적으로 생활 형편이 나아집니다. 이처럼 부동산 가격 변동이 사람들에게 미치는 영향이 크다는 것도 부동산 문제를 바라볼 때 중요한 점이라고 할 수 있습니다.

세입자님, 월세 좀 올려도 될까요?

그러면 다른 나라는 사정이 어떨까요? 우리에게 참고가 될 만한 나라를 중심으로 살펴볼까요. 세 나라 정도를 뽑아 보았어요. 먼저 우리가 모델로 삼을 만한 나라인 독일입니다. 독일은 선진국이지만, 셋방 사는 사람이 굉장히 많다는 특징을 가진 나라입니다. 국민의 절반이 셋방살이를 해요. 그런데 이 나라의 셋방살이는 우리와 다릅니다. 거의 불편함이 없어요. 우리나라는 어때요? 셋방 사는 사람들의 가장 큰 불편이 바로 계속 이사를 해야 한다는 겁니다. 한집에 오래 살지 못하잖아요. 그 이유는 여러 가지가 있겠지만, 2년에 한 번씩 계약을 다시 해야 하는 제도 때문이에요. 우리나라에서는 전·월세 계약 기간이 최대 2년입니다. 2년이 지난 다음에는 다시 계약을 해야 합니다. 그런데 여기엔 조건이 붙죠. 세입자는 다음과 같은 질문에 답해야 합니다. "전세금 올려 줄래, 방 뺄래?"

"울며 겨자 먹기"로라도 선택을 해야 합니다. 다른 길이 없어요. 게다가 우리나라는 셋방 사는 사람에 비해 집주인의 힘이 상당히 셉니다. 이게 우리나라 주택 임대차 제도의 현실이에요.

우리나라에는 외국에서는 찾아볼 수 없는 독특한 제도가 있습니다. 바로 '전세'입니다. 예컨대 1억을 주고, 그 집에 전세로 들어갔다가 나올 때 그 돈을 집주인으로부터 고스란히 돌려받는 제도입니다. 외국은 전부 월세예요. 전세는 없습니다. 다달이 얼마씩 집주인한테 주고 살아요. 독일도 역시 월세 제도인데, 그럼에도 한집에서 오래 삽니다. 얼핏 이해가 안 가는 부분이지요? 자료를 보면 독일에서는 셋방 사는 가구의 4분의 1이 한집에서 평균 20년 이상을 삽니다. 우리나라처럼 이사를 자주 안 다니는 거죠. 어떻게 이런 일이 가능할까요? 그건 바로 독일 정부의 세입자 보호 정책 때문입니다. 2차 대전 이후 독일에는 셋방 사는 사람들을 보호하는 제도가 정착됩니다. 일단, 집주인이 마음대로 월세를 올릴 수가 없어요. 조건이 아주 까다롭습니다. 정부가 정한 기준에 따라서 올려야 하죠. 게다가 월세를 올려야만 하는 이유를 셋방 사는 사람에게 서류로 제시해야 해요.

예를 들어서 사는 집이 종로구에 있다고 합시다. 집세를 올려 받으려면 집주인은 그동안 종로구의 월세가 얼마만큼 올랐다는 근거 자료를 제시해야 합니다. 그런데 이 근거 자료를 어떻게 만드느냐 하면, 셋방 사는 사람들의 대표, 세를 놓는 사람들의 대표, 종로구청장, 이 삼자가 모여서 최근 2년간의 월세 변동에 대한 자료를 만듭니다. 그래서 예컨대 이 방은 원룸이다, 이 집은 지은 지 몇 년 되었다, 여기는 수세식 화장실이 있다, 이런 내용을 고려해서 표준 월세를 정합니다. 조건에 따라 기준을 정하는 거죠. 집이 좀 낡았다, 샤워 시설이 안 돼 있다, 이러면 월세를 낮추고 시설이 좋다, 그러면 더 많은 월세를 받는 거죠. 이렇게 정해진 표준 월세를 근거로 해서 세입자에게 요구하는 겁니다. "이 기준에 비춰 볼 때 우리 월세는 너무 싸다. 그러니 3만 원을 올려다오." 이렇게 말이죠. 그러지 않고 자기 맘대로 올려 달라고 하면 불법입니다. 제도가 그래서 이를 어기고 집주인 마음대로 올렸다가는 손해 배상을 해 줘야 합니다.

독일에는 동네마다 세입자 조합이 있어서 세입자들의 권익을 옹호하는 활동을 합니다. 이렇게 세입자를 보호하는 법과 제도, 권리를 지키는 조직이 발달해 있기 때문에 월세에 살더라도 불편한 것이 별로 없지요. 월세를 3개월 이상 밀리지 않으면 어떤 이유로든 세입자를 쫓아낼 수가 없게 돼 있고, 어찌어찌해서 시세보다 월세를 올려 받았다고 해도 나중에 나라에서 세금으로 걷어 갑니다. 결과적으로 집주인에게 돌아갈 이익이 없는 거죠.

예를 들어 우리나라에도 책을 한 권 팔면 책값의 몇 퍼센트를 서점이나 중간 도매상, 출판사와 저자가 어떻게 이익으로 나눌지 대체로 정해져 있습니다. 독일의 월세 제도가 그렇게 돼 있는 거죠. 터무니없이 올려 받는 것은 사회 구조상 허용이 안 되는 거죠. 우리가 본받아야 할 이유입니다.

이번엔 네덜란드의 경우를 살펴보겠습니다. 네덜란드에는 공공임대 주택이 발달해 있습니다. 공공임대 주택이 뭐냐 하면 한마디로 정부가 집주인인 집입니다. 전체 주택의 3분의 1 정도가 여기에 해당합니다. 정부가 국민한테 세를 놓는 셈인데, 이러면 개인이 소유한 집에 세드는 경우와 두 가지가 다릅니다. 첫 번째는, 정부가 집주인이기 때문에 월세와 계약 기간을 법으로 정한다는 것입니다. 그런데 네덜란드 법에는 계약 기간을 따로 두지 않고 있습니다. 기간을 두더라도 보통 30년입니다. 월세만 제대로 내면 살고 싶을 때까지 살 수 있는 거예요. 2년마다 재계약해야 하는 우리와는 사정이 완전히 다르죠. 그러니 굳이 집을 사지 않아도 불편함이 없는 겁니다. 두 번째는,

월세를 물가 인상률 범위 안에서만 올릴 수 있도록 법으로 규정하고 있습니다. 그러니 월세를 터무니없이 올려 받는 경우가 없죠.

오히려 돈이 없는 사람에게는 월세를 깎아줍니다. 예를 들어서 정부 셋방으로 33평 아파트에 들어갔는데 벌이가 시원치 않아요. 그러면 다른 사람에 비해 월세가 훨씬 쌉니다. 정부 예산으로 지원하기 때문이에요. 요약하자면 네덜란드 정부는 사회 보장 차원에서 가난한 사람들의 주거를 보장합니다. 이를 위해서 정부가 전체 주택의 3분의 1을 소유하여 직접 셋방을 운영하고, 필요하면 나라 예산으로 월세까지 지원하는 거죠. 그러니 네덜란드에서는 자기 집이 없어도 사는 데 불편함이 거의 없습니다.

우리나라도 이와 비슷한 제도가 있습니다. 예를 들어서 서울시에서 운영하는 SH공사가 지은 공공임대 주택, 토지주택공사가 운영하는 영구임대 또는 국민임대 주택 같은 것들이죠. 이런 곳에 입주한 세입자들은 다른 분들보다 집 때문에 겪는 불편이 덜합니다. 문제는 공공 주택이 얼마 안 된다는 것입니다. 전체 주택의 5퍼센트 정도입니다. 집 없는 세입자가 40퍼센트에 이르는 우리나라 현실에서 보자면 극히 미비한 거죠. 네덜란드처럼 그 수를 획기적으로 늘려야 합니다.

눈여겨볼 또 하나의 나라는 싱가포르입니다. 이 나라는 지금까지 살펴본 나라들과는 달리 국민 열 명 중 아홉 명이 자기 집을 갖고 있습니다. 이런 나라가 세계에 몇 군데가 있습니다.

그런데 싱가포르 국민 중 열의 아홉이 자기 집을 갖게 된 데는 독특한 사정이 있습니다. 이 나라의 독재자가 땅을 거의 뺏듯이 해서 국유화시켰습니다. 개인 땅을 정부 걸로 만들어 버렸습니다. 싼값에 정부가 사들인 다음에 거기에 정부가 집을 지었습니다. 아파트를 지어서 국민한테 반값에 팔았습니다. 어떻게 반값이 가능하냐? 일단, 일반 건설 회사처럼 이윤을 남기지 않고 팔았기에 가격 자체가 싸기도 했지만, 땅은 안 팔고 건물만 팔았기에 그렇습니다. 보통 집값의 반 이상이 땅값이거든요. 건물만 파는 대신 땅은 99년간 빌려 줍니다. 그동안 마음대로 써라. 대신 월세를 내라는 겁니다. 그런데 이 월세라는 게 아주 싸게 책정되는 거죠. 이윤을 안 남기고 건물만 파니 반값이 된 겁니다. 덕분에 많은 사람이 자기 집을 가질 수 있게 되었습니다.

만약에 그 가격에도 집을 살 수 없다면 국가에서 싼 이자로 빌려줍니다. 국가에서 정책적으로 그렇게 한 거죠. 당시 정부에 돈이 많았습니다. 모든 직장인에게 월급의 3분의 1을 강제로 저축하게 했거든요. 예컨대 한 달에 100만 원 버는 사람은 33만 원을, 1,000만 원 버는 사람은 333만 원을 무조건 저축해야 하는 거예요. 독재니까 가능한 얘기겠죠. 그렇게 강제 저축을 시켜서 그 돈을 정부가 수십 년 동안 관리했습니다. 그래서 개인 땅을 사들이고 집을 지을 만큼 재정이 튼튼했던 거죠. 그리곤 국민에게 정부가 지은 집을 사라고 권유했습니다. 덕분에 지금처럼 국민 대부분이 자기 집을 갖게 된 겁니다.

물론 요즘처럼 민주화된 상황에서는 그대로 따라 하기 어려운 방식이겠습니다만, 국민이 싸게 자기 집을 마련할 방법을 찾아보는 데 참고할 만합니다. 주택 공급을 일반 건설 회사에 맡길 게 아니라 정부가 나서서 이윤을 안 남기고 싸게 공급하는 식으로 상상력을 발휘해 볼 필요가 있다는 겁니다.

더불어 사는 길-부동산 민주주의

그럼 마지막으로 우리가 집 문제, 부동산 문제를 해결할 수 있는 바람직한 방향에 대해 몇 가지 말씀을 드리고 강의를 마치겠습니다.

제가 제일 강조하고 싶은 건 집 가지고 장난 못 치게 하자는 겁니다. 주거권은 누구나 누려야 할 인권입니다. 그러니 집과 땅으로 돈벌이를 하지 못하도록 하는 게 중요합니다. 굳이 장사를 하려면 다른 데 가서 하라고 해야 한다는 겁니다. 앞으로 부동산 대책을 세울 때 가져야 할 원칙이에요. 선진국들은 대체로 이 원칙을 헌법이나 법률에 담고 있습니다. 당연히 국가 정책도 여기에 따라 이루어지기 때문에 우리나라처럼 부동산 투기가 심하지 않습니다. 아무리 자본주의라고 하더라도 제한할 것은 해야 합니다. 집과 땅은 공기나 물과 같아서 모두가 고르게 누릴 수 있어야 합니다. 이런 방향으로 부동산 정책을 세워야 해요.

그리고 동네나 집으로 계급을 나누는 풍조를 개선해야 한다는 겁니다. 초등학생들도 너희 집은 몇 평이냐, 어느 아파트에 사느냐, 하면서 친구를 차별하는 게 우리 현실입니다. 문제가 심각해요. 모두가 어른들 책임입니다. 이런 걸 극복하려면 제도도 개선해야 하고 사람들 생각도 바뀌어야 합니다. 물론 그동안 쌓여 온 생각들이 저절로 바뀌진 않겠죠. 지금도 투자 개념으로 집을 사고 땅을 사잖아요. 이건 우리나라 국민성이 원래 그래서가 아니에요. 실제로 부동산에 투자하면 큰돈을 벌잖아요. 물론 지금은 그런 부동산 불패 신화가 많이 약해졌습니다만 우리 사회에서 여전히 위력을 발휘합니다. 그래서 투기나 불로소득을 막는 정책이 필요해요. 제도적으로 이걸 막으면 부동산으로 돈벌이를 하고자 하는 생각은 저절로 없어진다고 봅니다.

정부가 이런 일을 제대로 해야 해요. 그동안 정부의 정책은 거꾸로였어요. 문제가 점점 악화돼 온 겁니다. 무엇보다도 중요한 것은 집 없는 사람들, 세 사는 사람들을 보호하는 것이에요. 그러려면 집주인과 세 사는 사람이 대등한 위치에서 월세나 전세 거래를 할 수 있도록 제도를 확립해야 한다고 생각합니다. 마찬가지로 집을 만들어 파는 건설 회사와 이걸 사는 소비자가 대등한 위치에서 거래할 수 있도록 해야 해요. 건설 회사가 마음대로 분양 가격을 올려서 폭리를 취해도 정부에서는 나 몰라라 합니다. 이걸 막자고 도입한 분양가 상한제 같은 제도도 재벌 건설사들의 반대로 용두사미에 그치고 맙니다. 정부가 좀 더 강력한 의지로 정책을 추진해야 해요.

또한 세입자를 보호하는 충분한 제도적 뒷받침이 있어야 합니다. 집주인이 마음대로 전·월세금을 올려놓고 "나갈래, 더 낼래?" 하면서 반 협박 조로 선택을 강요하는 현실에서는 정상적인 부동산 질서가 자리 잡을 수 없습니다. 의지만 있다면 이러한 것들을 바로잡는 일은 얼마든지 가능합니다. 독일의 사례에서도 보았잖아요. 물론 세입자와 집주인의 대등한 거래를 유도하려면 한국적 현실을 고려해야 합니다. 앞서 말한 대로 우리나라에는 전 세계적으로 유일하게 전세 제도가 있기 때문입니다.

열악한 환경에서 사는 분들을 돕는 일도 중요합니다. 지하방이라든지 비닐하우스, 쪽방, 고시원, 동굴, 옥탑방, 이런 데서 사는 160만 명에 달하는 주거 빈곤층, 이분들이 땅 위로 올라와서 밝은 햇볕 아래서 함께 살 수 있는 정책들이 필요합니다.

제가 계산해 보니까 대략 13조 원 정도 있으면 지하에 사는 분들이 모두 땅 위로 올라와 살 수 있어요. 예컨대 네덜란드처럼 나라에서 운영하는 공공임대 주택을 확대해서 이분들이 거기에서 살 수 있도록 하는 거죠. 물론 돈이 많이 듭니다. 그러나 꾸준히 해 나가서, 전체 주택의 20퍼센트 정도만 중앙 정부나 지방 정부가 운영해도 빈곤층의 주거 문제는 획기적으로 개선됩니다. 필요하다면 복지 단체에서 운영하는 비영리 주택을 늘려갈 수도 있겠죠.

이런 문제들은 생각만으로 해결할 수가 없습니다. 일반 국민, 그중에서도 특히 어렵게 사는 국민을 보호하려면 법과 제도를 바꾸고 효과적이고 일관된 부동산 정책을 펴는 게 중요합니다. 결국은 민주주의 문제와도 맞닿아 있는 셈이죠.

100여 년 전에 정약용이라는 분이 당시에는 혁신적인 토지 개혁 방안을 내놓습니다. 정전제, 여전제 같은 것인데 간단히 설명해 드리자면 "농사짓는 자에게 밭을 주어라"는 것입니다.

농사도 안 지으면서 땅만 소유한 사람을 부재지주라고 하죠. 그러면 안 된다는 겁니다. "땅은 꼭 쓸 사람, 즉 그 땅에 농사를 짓는 농부만 가질 수 있게 해야 한다"고 주장한 겁니다. 이는 오늘날에도 잘 들어맞습니다. "실제로 필요한 사람이 집을 살 수 있도록 하라"고 오늘날에 맞게 바꿔 쓸 수 있겠죠. 그 집에 살지도 않으면서 1,000여 채씩 갖고, 투기를 일삼는 것을 바로잡아야 합니다. 땅도 마찬가지입니다. 땅을 사서 공장을 세우건 거기서 장사를 하건 아니면 집을 지어 살건 상관없이 실제로 땅을 쓸 사람이 이용하게 해야 합니다. 공장을 세울 것도 아니면서 투기 목적으로 주요 땅을 소유한 재벌 기업들의 행태를 바로잡아야 합니다.

지금까지 말씀드린 원칙을 조금 멋있는 말로 표현하면 '토지 공개념'입니다. 땅은 인간이 살아가는 데 필수적인 요소이므로 누구 한 사람이 독점해서는 안 된다는 겁니다. 마찬가지 의도로 '주택 공개념', '부동산 공개념'이라는 것도 가능하겠죠. 아까 말씀드린 정약용의 토지 개혁안도 토지 공개념과 통합니다. 이런 것을 제대로 실현할 수 있는 민주주의를 꽃피울 때, 집은 고달프고 불편한 존재나 투기의 수단이 아니라 사람들의 진정한 안식처가 될 수 있습니다. 우리는 이를 위해 노력을 아끼지 말아야 합니다. 서두에 말씀드렸던 시애틀 추장의 말처럼 땅은 누가 소유할 수 있는 게 아니라 인간이 살아갈 자연의 일부이자 자연 그 자체이기 때문입니다.

우리에게 남겨진 숙제

청소년 강의를 통해 많은 것을 알게 되었는데요. 저희 학생들이나 주택에 대해서 전문적으로 공부하지 않은 사람들은 이런 사실을 모르잖아요. 부동산 문제에 쉽게 접할 수 있는 책이나 프로그램 같은 게 있으면 알려 주세요.

손낙구 부동산 문제를 전문적으로 연구하시는 분들이 있습니다. 대학에도 부동산학과가 있어요. 그런데 그동안은 서민의 눈으로 이 문제를 바라보는 게 부족했습니다. 경영학을 하시는 분들이 어디에 어떻게 투자하는 게 좋은지 하는 걸 가르칩니다. 강의를 듣는 분 중에는 공인중개사분들도 많으세요. 그동안 부동산이나 주택 문제에 접근한 연구도 이런 식으로 치우쳐 있었어요. 그런데 최근에는 부동산을 투자가 아닌 거주의 관점에서 바라보는 시각들이 꽤 있습니다.

그중 하나로 주거권 운동 네트워크에서 쓴『집은 인권이다』라는 책이 있어요. 살아 보니 여기는 이렇고 저기는 이렇더라 하는 내용, 이사를 많이 다녀야 하는 사람의 실상, 예컨대 장애인 같은 사회적 약자가 집 때문에 겪어야 하는 어려움 같은 것들을 엮은 책입니다. 〈경향신문〉 취재팀이 쓴『어디 사세요』라는 책도 참고할 만합니다. 우리 사회의 부동산 문제를 여러 방면에서 쉽게 접근한 책이에요. 그리고 제가 청소년들을 대상으로 쓴『10대와 통하는 부동산』이란 책도 있습니다.

우리나라 대학에는 주거 문제를 다루는 학과가 별도로 없습니다. 그래서 이 문제를 경제학과나 지리학과에서 일부 다루고 요즘은 도시, 공간, 이런 걸 다루는 학과에서 주거 복지 문제를 가르칩니다. 대학 바깥에서 학문적으로 주거 문제를 다루는 곳으로 '한국도시연구소'라는 곳이 있어요. 1980년대부터 철거당하는 분들의 권익을 위해서 활동했던 학자들이나 전문가들이 계시는 곳입니다. 이분들이 오랫동안 우리나라 부동산 문제나 주거 문제를 연구해 오셨는데, 홈페이지(www.kocer.re.kr)에 들어가면 학술지 〈도시와 빈곤〉을 비롯해서 관련 자료를 보실 수 있습니다.

청소년　말씀하실 때 우리나라 땅값을 모두 합치면 호주나 캐나다 같은 큰 나라도 살 수 있다고 하셨잖아요. 그런데 우리나라는 좁은 땅에 사람이 많다 보니 자연히 땅값이 비쌀 수밖에 없는 거 아닐까요? 호주나 캐나다 같은 곳은 인구가 확실히 적잖아요.

손낙구　그렇습니다. 우리나라는 인구 밀도가 굉장히 높죠. 국토에서 산이나 임야가 차지하는 비중이 높습니다. 그래서 사람이 살 집을 지을 만한 땅, 이런 것을 '대지垈地'라고 합니다만, 그런 땅은 얼마 안 돼요. 지리적 특징이 이렇다 보니까 수요는 많은데 이를 충족시킬 만한 땅이 상대적으로 적습니다. 그걸 인정한다고 해도 좁은 땅에 태어난 걸 숙명으로 받아들여야 하는가, 높은 땅값은 어쩔 수 없는 건가 하는 문제가 남습니다. 왜냐하면 땅이 좁다고 다 땅값이 높은 건 아니거든요. 제가 앞에서 예로 들었던 싱가포르나 네덜란드 같은 나라는 우리나라와 상황이 비슷해요. 싱가포르는 오히려 우리나라보다 인구 밀도가 높아서 세계 1위예요. 100퍼센트 도시 국가입니다. 그런데도 그 나라는 투기가 없고, 땅값도 비싸지 않아요. 말씀드렸듯이 국민이 집 걱정 없이 삽니다.

높은 인구 밀도는 우리에게 주어진 조건입니다. 그러나 그것은 어쩔 수 없는 숙명이나 운명이 아니라는 겁니다. 만약 싱가포르가 주어진 조건을 숙명으로 받아들이고 아무런 조처를 하지 않았다면 지금 우리보다 더한 고통에 시달리고 있을지도 모릅니다. 하지만 그들은 해결했잖아요. 이것은 의지의 문제이지 환경의 문제가 아닙니다. 부동산 투기로 돈을 번 사람들은 "높은 집값, 땅값은 숙명이다. 그러니 다른 생각하지 말고 열심히 돈을 모아 집을 장만하라"고 해요. 여기에 넘어가서는 안 된다는 게 제 생각이에요.

청소년　선생님께서도 말씀하셨듯이 우리나라 부동산 문제가 굉장히 심각한데요. 이런 걸 나서서 문제를 제기하는 시민 단체가 없는 이유가 뭘까요?

손낙구　물론 없지는 않아요. 부동산 문제에 조금씩 목소리도 내고 있고, 주거 복지 관점에서 좋은 정책을 내는 분들도 많이 계십니다. 다만, 시민 단체나 사회 운동이 이 문제를 최우선 해결 과제로 삼지 않은 것은 사실입니다. 그동안은 정치적 민주화가 최우선 과제였잖아요. 30년 전까지만 해도 길거리에서 마구잡이로 검문한다든지, 무고한 시민을 잡아다가 고문한다든지 하는 일들이 비일비재했습니다. 그렇기에 정치적 민주화에 온 힘을 쏟을 수밖에 없는 상황이었죠. 그래서 주거권이나 부동산 같은 현실적인 문제들은 후순위로 밀리는 경향이 있었습니다. 사회 운동이 우리가 먹고사는 문제에 소홀했던 겁니다. 반성이 필요한 지점이지요. 사실은 민주주의라는 게 먹고사는 문제와 따로 있는 것이 아니지만 그동안은 경제 문제와 정치 문제를 별개로 보아 왔던 것 같습니다. 저도 나중에 이점을 깨닫고 부동산 문제에 관심을 두게 되었던 거고요. 그리고 한편으로는 사회 활동을 하시는 분들이 부동산 문제를 자신의 생활 문제로 삼지 않고 있는 건 아닌가 하는 생각도 해 봤습니다.

사회 운동을 하려면 현실적인 문제를 간과해서는 안 됩니다. 가난한 사람들, 서민들, 국민이 실제로 살면서 부딪히는 문제를 해결해야 하는 겁니다. 그래야 일반 국민도 '아, 민주주의라는 게 좋은 거구나. 내가 참여해서 투표하면 살림살이가 나아지겠구나.' 하는 생각이 들겠지요. 이렇게 자기 삶과 생활이 민주주의와 소통할 때 진정한 민주주의와 사회 발전이 이루어지는 것이 아닌가 생각합니다.